新时代 新技能 新梦想

——世界技能大赛先进事迹巡回报告会活动演讲集

世界技能大赛中国组委会

中国人力资源和社会保障出版集团
中国劳动社会保障出版社 中国人事出版社

图书在版编目（CIP）数据

新时代　新技能　新梦想：世界技能大赛先进事迹巡回报告会活动演讲集 / 世界技能大赛中国组委会组织编写 . -- 北京：中国劳动社会保障出版社：中国人事出版社，2018

ISBN 978-7-5167-3565-7

Ⅰ. ①新…　Ⅱ. ①世…　Ⅲ. ①演讲－中国－当代－选集　Ⅳ. ① I267

中国版本图书馆 CIP 数据核字（2018）第 110861 号

中国劳动社会保障出版社
中 国 人 事 出 版 社 **出版发行**

（北京市惠新东街 1 号　邮政编码：100029）

*

三河市潮河印业有限公司印刷装订　新华书店经销

787 毫米 ×1092 毫米　16 开本　12 印张　152 千字

2018 年 6 月第 1 版　　2019 年 8 月第 10 次印刷

定价：35.00 元

读者服务部电话：（010）64929211/84209101/64921644

营销中心电话：（010）64962347

出版社网址：http://www.class.com.cn

前　言

为进一步普及世界技能大赛知识、宣传世赛人物、展现世赛历程、传播世赛经验、弘扬世赛精神，充分发挥世赛对我国技能人才技能水平提升和技能人才队伍建设的引领作用，在全社会营造关注世赛、了解世赛、研究世赛、参与世赛的氛围，2018 年 3 月，人力资源社会保障部组织开展以“新时代、新技能、新梦想”为主题的世界技能大赛先进事迹巡回报告会活动。

巡回报告团成员主要由历届世界技能大赛参赛获奖选手以及专家、教练或翻译组成。7 支报告团分赴山西、内蒙古、辽宁、吉林、福建、江西、湖南、广西、海南、贵州、陕西、甘肃、青海、新疆维吾尔自治区等 14 个省份做巡回报告。

为宣传本次世界技能大赛先进事迹，充分展现选手及专家、教练、翻译的风采，让社会更广泛地了解世界技能大赛先进事迹巡回报告会内容，我们组织编写了本书。书中的内容为选手及专家、教练、翻译在活动中的演讲报告，每个人的演讲都发自肺腑、生动感人，充分展现了技能成就梦想的拼搏历程。希望他们的经历能更好地激发青年人的报国热情，促进技能水平的提升。

本书素材由各地人力资源和社会保障部门提供。中国人力资源和社会保障出版集团对本书进行整体设计开发。人力资源社会保障部职业能力建设司对编写工作给予了大力支持并对内容进行了审定。

世界技能大赛中国组委会

2018 年 4 月

代 序

2017年10月，我国在第44届世界技能大赛上取得优异成绩，实现历史性重大突破，我国上海成功申办第46届世界技能大赛，取得举办权，我们实现了参赛、申办双丰收，这不仅让世界技能组织刮目相看，也在全社会引起强烈反响。为了充分发挥世赛对我国技能人才队伍建设的引领作用，在全社会更好地营造关注世赛、了解世赛、研究世赛、参与世赛的良好氛围，我部决定于2018年3月在全国范围内开展世界技能大赛先进事迹巡回报告会活动。

世界技能大赛被誉为“世界技能奥林匹克”，代表了职业技能发展的世界先进水平，涵盖运输与物流、结构与建筑技术、制造与工程技术、信息与通信技术、创意艺术与时尚、社会与个人服务六大领域，目前有52个比赛项目，每两年举办一次。

我国于2010年加入世界技能组织，自2011年首次参加世界技能大赛以来，已连续参加了4届世界技能大赛，累计取得了20枚金牌、15枚银牌、15枚铜牌和41个优胜奖。特别是在2017年第44届世界技能大赛上，我国派出52名选手参加了47个项目的比赛，取得了15金7银8铜和12个优胜奖的优异成绩。这个优异成绩突出体现在五个“首次”。一是首次位居金牌榜、奖牌榜、团体总分榜首位。这充分说明我国技能人才队伍建设取得了可喜成果，世赛集训参赛的体制机制和方式方法科学有效。二是首次实现六大领域金牌全覆盖。我国成为近5届世界技能大赛上六大领域全部有金牌入账的世界技能组织唯一成员，特别是在制造与工程技术领域14个项目中，取得7枚金牌，彰显了我国在职业技能竞技领域的综合实力和制造业大国的工匠水平。三是首次获得世赛最高奖——阿尔伯特·维达大奖。这一奖项以世界技能组织创始人阿尔伯特·维达先生命名，奖励每届世赛所有参赛项目中分数最高的选手，这届世赛常州技师学院宋彪同学荣膺此项大奖，可谓意外惊喜。四是首次实现新项目第一次参赛即获金牌。我国首次参赛的工业机械装调、原型制作、花艺、烘焙4个项目斩获金牌，这在历届世赛中都是非常罕见的。五是首次蝉联汽车喷漆项目金牌。焊接、数控铣项目也蝉联金牌。这些优异成绩凝聚着所有世赛参与者的心血和汗水，充分体现了当代青年高超精湛的技能技艺、精益求精的工匠精神、朝气蓬勃的精神风貌、顽强拼搏的意志品格、技能报国的理想信念，向全世界展现了新一代中国技能青年的亮丽风采。

在肯定成绩的同时，我们也要清醒地认识到，在世界技能大赛上争金夺银、为国争光固然重要，但我们的目的是通过世赛转变社会观念、引领中国技能竞赛发展、提高技能人才培养水平，进而把世赛参赛工作打造成技能人才工作的新引擎，推动我国技能人才事

业大发展。希望各地人社部门、各行业企业和院校站在技能人才事业发展的高度进一步认识和推动世赛参赛工作。

一是通过世赛参赛工作为技能人才成长营造良好的社会氛围。近年来，通过参与世赛活动，党和国家以及全社会都越来越关注技能人才队伍建设工作。习近平总书记亲自批准世赛申办工作，在申办报告中书面致辞并在申办现场陈述中发表视频讲话。李克强总理专门会见世界技能组织来华考察评估团，第44届世赛后亲自接见中国代表团并与大家座谈，发表重要讲话，这些都是对世界技能大赛工作强有力的支持和极大的鼓舞。参赛选手回国后，各级人社部门要借世赛在全社会引起强烈反响和广泛热议的东风，加强世赛优秀技能人才宣传工作，全力推动社会观念、社会氛围的改变，吸引更多青年走技能成才之路，为技能人才创造越来越好的成长环境和发展机遇。

二是通过世赛参赛工作促进我国技能竞赛工作全面发展。职业技能竞赛是培养选拔优秀技能人才的重要手段。近年来，我们积极引入世赛标准和办赛模式，不断拓展竞赛内容，初步形成了以世赛为龙头，以国赛和地方赛事为主体，以企业岗位练兵技术比武为基础的技能竞赛体系。各地人社部门要进一步加强竞赛组织工作，促进竞赛质量、规模和影响力全面提升，广泛推广技能运动，激发全社会对技能重要性的认识和重视，为树立中国制造和中国服务品牌搭建平台。

三是通过世赛参赛工作全面提高我国技能人才培养水平。随着世赛工作不断拓展深入，我们要努力将世赛的竞赛理念和技术标准转化到职业教育培训和技能人才培养标准与课程改革中，不断创新培养模式，推动我国技能人才培养与世界先进水平接轨，促进提高我国技能人才培养能力和水平，不断培养适应经济社会发展要求的高素质技能人才。

党的十九大报告中指出，人才是实现民族振兴、赢得国际竞争主动的战略资源，要求建设知识型、技能型、创新型劳动者大军，弘扬劳模精神和工匠精神，营造劳动光荣的社会风尚和精益求精的敬业风气，这些都为我们做好技能人才工作指明了方向，提出了新的更高要求。各级人社部门要深入学习党的十九大报告精神，认真借鉴世界技能大赛的技术标准和组织模式，促进我国技能竞赛工作科学规范发展，不断提升技能竞赛组织工作水平。

劳动创造世界，技能成就未来。让我们高举中国特色社会主义伟大旗帜，以习近平新时代中国特色社会主义思想为指导，凝聚力量、锐意进取、脚踏实地、勤奋工作，为决胜全面建成小康社会、夺取新时代中国特色社会主义伟大胜利、实现中华民族伟大复兴的中国梦而努力奋斗！

（此文为人力资源社会保障部副部长汤涛同志在世界技能大赛先进事迹视频报告会上的讲话，有删节）

目录

选　手　篇

worldskills
China

翻 译 篇

选手篇

宋彪，男，1998 年 11 月出生，江苏省常州技师学院学生，在第 44 届世界技能大赛上获工业机械装调项目冠军，并荣获阿尔伯特·维达大奖，2017 年被授予“全国技术能手”荣誉称号，2018 年被授予“江苏大工匠”称号，并被江苏省政府记个人一等功。

宋　彪

第 44 届世界技能大赛工业机械装调项目
金牌获得者
阿尔伯特·维达大奖获得者

勇攀世界技能高峰

我是来自江苏省常州技师学院的宋彪。

2017年10月14—19日，在阿联酋阿布扎比举行的第44届世界技能大赛上，我代表中国队出战工业机械装调项目，夺得金牌，并在1 260多名参赛选手中以779分的最高分，摘得本届世界技能大赛最高奖——阿尔伯特·维达大奖，成为中国第一个获此殊荣的参赛选手，取得了历史性突破，为国家赢得了崇高荣誉。我感到无比骄傲和自豪！

回来后，很多人问我，取得这样的荣誉有什么经验，有什么感悟。我回顾自己读书学习、练就技能和选拔比赛的过程，其实也不是一帆风顺的。

我从小在安徽蚌埠长大，上初中时，由于“少年不更事”，学习没有明确的目标，学习成绩并不突出，属于平凡到老师记不起的那类学生，中考成绩不理想。记得拿到成绩单时，父亲跟我聊了很多，交流中，知道了父母在外打工的艰辛，知道了父母对我的期望，对我的爱。他们希望我做一个有责任、有担当，能为社会做出贡献的人，最起码以后要能凭自己的劳动和知识养活自己，养活家人。父亲与我的谈话，让我一夜无眠，突然觉得自己长大了许多，也让我明确了目标，有了动力，我也深深理解了“有了付出才可能有收获，没有努力哪来成功”的道理。

我动手能力较强，小时候我总会把父母买给我的玩具拆掉，再想办法复原，我特别享受这个过程带来的快乐和喜悦，也特别佩服那些技术工人利用手中的工具，变出一个个“漂亮”的零件，组成一台台“灵活”的机器，完成一个个伟大的工程。我向父母提出不上普通高中，而要上技校的愿望，父母尊重了我的选择。经多方了解，我于2014年进入江苏省常州技师学院，选择了五年制模具设计与制造专业，现在很庆幸自己当初的选择。

我下决心一定要好好学习，自己选择的路要努力走好。由于我的理论基础薄弱，有时很难听懂老师讲的专业知识，第一学期有几门课成绩不太理想。于是，一有空余时间我就去请教专业老师，第二学期，我的成绩有显著的提升。但是我并没有满足，还是和第一学期一样经常和老师“泡”在一起。2015 年 11 月，学院举办第二届技能节，其中有校集训队选手选拔项目，规定必须是三年级及以上的学生才能参加与选拔，我没有资格参加。但我的努力得到了班主任和专业老师的认可，班主任向系部提出让我作为“编外”人员试一试，当时距离选拔只有半个月时间。半个月里要做远远超出我所学范围的题目，我感到力不从心。但是我并没有放弃，反而更激发了斗志，坚信“只有努力才有回报”。我每天比别人晚两个小时结束练习，别人礼拜天休息，我仍然坚持训练。半个月后，我在选拔赛中取得第二名，顺利进入学校集训队。我知道，与参赛队友相比还有差距，还需付出更多的努力，所以在集训过程中我坚持比队友晚两小时结束，并充分利用周末休息时间夯实自己的基础技能。

付出和努力得到了回报，2016 年 6 月，我被学校选中，获得了参加第 44 届世界技能大赛江苏省选拔赛的资格，这是学校对我努力的认可。我更是暗暗下定决心，要尽自己最大的努力，争取取得参加全国选拔赛的资格。心中有目标，自然就有了方向和动力。当时正值暑假，队员和教练都放弃假期，顶着 40℃的高温在车间里训练，没有一句怨言，只有你追我赶。记得有次焊接训练时，由于我的疏忽，防护没到位，导致脖子被电弧灼伤。教练让我回家休息几天，我没听他的话，因为还有一个月就是江苏省选拔赛了，回家休息就等于放弃。就这样带伤训练了一个月，我的坚持和努力打动了教练，他对我非常照顾，每天都会询问我的伤势，指导也更加细致

和耐心。最后，我以第一名的成绩，获得了代表江苏省参加全国选拔赛的机会。

2016 年 9 月，我们去广州参加第 44 届世界技能大赛全国选拔赛，当时，我觉得自己还没准备好，技能水平还远远不够，心中一直不能平静。尤其是第一次参加全国性大赛，怕自己发挥不好，不能获得好成绩，越想越紧张。教练发现我的情绪不对，就带我散步聊天，尽量消除我的紧张情绪。比赛前一天晚上，我突然感到肚子疼痛难忍，赶紧去附近的医院检查，诊断为急性阑尾炎，需马上开刀。教练和领队决定弃赛，转到更好的医院动手术。当我听到这个消息时，心想一切努力都白费了，对自己又气又急。大约过了近 2 个小时后，忽然感觉肚子不疼了。我赶紧告诉我的教练，教练说："不要说假话，机会有的是，这次我们不参加也没关系，以后还有机会。"我说真的不疼了，这时也到了医院，医生检查过后确诊为过度紧张造成的肠胃痉挛引起的疼痛，原来是一场虚惊！现在教练还时不时拿这件事跟我开玩笑。这次"磨难"也给我带来了福气，我以全国选拔赛第三名的成绩进入国家集训队。

通过全国选拔赛，我了解到自己的差距，更加苦练基本功和提升心理素质。在全国选拔赛阶段，我虽然顺利进入国家集训队，但对自己的成绩并不满意，我的目标是：第一名。回到学校后我及时反思和总结，发现问题出在图纸阅读和装配调试细节上（装配调试是这个项目中最重要的一个步骤）。之后，我就经常向专家、教练和其他选手请教，锤炼技能。

2016 年 11 月，我与来自全国的该项目另 5 名国家集训队成员在集训基地参加集训和选拔。"六进三"选拔赛我取得了第一名。"三进二"选拔赛分为两次，紧张而又漫长。在一个月的集训中，专家教练团队带领我们 3 位选手突破各种难题，提升技能水平。我并没有放松，最终以第一名的成绩成为最后两名选手之一。"二进一"，我成功卫冕，保持第一，最终成为代表国家出战第 44 届世界技能大赛工业机械装调项目的唯一正式选手，赢得阿布扎比入场券。

在最后的集训备战与冲刺阶段，专家组对我提出更高的集训目标：高于世赛技术标准、高于世赛检测标准、高于世赛竞赛规则、高于世赛体能强度，具备更多的技术、知识储备，争夺世界技能大赛奖牌。围绕更高的目标与期待，我和团队全身心地投入备战阶段，开展针对性训练、障碍性训练、国际交流训练、心理及体能训练等，同时对世赛理念、标准、规则等进行了更深入的学习。这段时间，我的技能水平、综合素质有了显著提高。经过不到 3 个月的备战冲刺，我们做好了充分准备，力求每件产品精准、完美。

机械装调项目比赛共分为 5 个模块，包括机械加工、焊接加工、齿轮箱拆检、电气预防性维护、装配与调试，赛程为 4 天，累计比赛时间为 20 个小时。这是一项复合程度很高的比赛项目，要求选手具备扎实的多工种知识和技能，并具有较强的综合运用和应变能力。最让我紧张和期待的是比赛前一天下午，赛题和样机揭晓的那一刻，随着大家呐喊着“three、two、one”，第 44 届世界技能大赛工业机械装调项目的样题终于展现在大家眼前。这一刻，我的心情反而平静下来，和项目专家宋军民席地而坐，一起仔细研究样机的每一个细节。

虽然我做了充分的准备，但比赛过程中还是出现了一些意外，至今我记忆犹新。前三天的比赛是焊接、机加工、齿轮箱拆检和电气预防性维护，进展比较顺利。第四天，即将开始脚踏动力水净化系统装配与调试比赛时，因前一天比赛的计时出了点问题。所以，我将比其他选手晚开始半个小时，计划一下子被打乱了。其他选手开始操作时，我只能在选手休息室焦急地等待。当时，我心想时间被压缩，很有可能做不完，所有的努力将前功尽弃。我感到紧张和焦虑，但是我很快就平静下来，对原定计划做出调整。然后用热身运动做自我调节和肌肉放松。回到赛场，我按照调整后的计划，在

保证质量的前提下加快操作节奏，发挥了平时训练的最好水平，出色地完成了规定的竞赛模块，以堪称完美的作品（脚踏动力水净化系统）夺得金牌，最终赢得阿尔伯特·维达大奖。

回味领奖台上激动人心的那一刻，我深深体会到，我不是一个人在战斗，我的背后，凝聚了方方面面的智慧、力量和汗水。既有教练、技术指导专家、翻译在训练和比赛期间的精心辅导，有保障团队的默默付出，有参加过世界技能大赛学长的倾囊传授，也有学校和世界技能大赛国家集训基地的鼎力支持，还有相关部门和地方各级领导无微不至的关怀，更有日益强盛的祖国作为坚强后盾。同时，我庆幸自己选对了学校，遇到了好教练、好专家。

今天，我终于站在了世界技能的最高领奖台，为国家争得了荣誉，为学校增添了光彩，也为自己找准了继续前进的方向！技能改变人生，技能成就梦想，技能成才这条路，我选对了！成绩和荣誉已经成为过去，目前，我还是学院四年级学生，我将珍惜荣誉、再接再厉，坚定走技能成才之路，继续完成我的学业，用自己的努力阐释工匠精神，践行技能梦想！

宁显海，男，汉族，1995 年 9 月出生，四川省凉山彝族自治州会东县人，中共党员，中国十九冶集团有限公司职工，高级技师，在第 44 届世界技能大赛上获焊接项目金牌；2017 年 2 月，参加美国国际焊接邀请赛获第一名；2017 年 3 月，被授予“全国技术能手”称号；2017 年 6 月，在上海参加中国国际技能大赛获第一名；2017 年 7 月，参加澳大利亚全球技能挑战赛获第一名；2017 年，被中国中冶集团评为中冶集团劳动模范，并被聘为首席技师。

宁显海

第 44 届世界技能大赛焊接项目金牌获得者

坚持梦想，为国争光

我叫宁显海，今年 23 岁，来自中国十九冶集团有限公司。在第 44 届世界技能大赛中，我代表中国赢得了焊接项目的金牌。我很荣幸今天能够在这里和大家分享我的成长经历和参加世界技能大赛的故事，希望我的分享能给同学们带来一些鼓舞，点亮大家心中“技能成才”的梦想。

1995 年 9 月，我出生在四川省凉山彝族自治州会东县一个偏远小山村的普通人家。上初中时，看着有腿伤的父亲艰难地用微薄的工资养活一家五口，看着漂亮的妈妈为照顾我和两个妹妹而过早地白了头发，作为家中长子，为了早日减轻家里的负担，我在毕业时唯一的想法就是去学一门技术。当时从没走出过大山的我，对学技术没有任何概念，从中国十九冶高级技工学校毕业的堂哥宁显顺那里，知道有一种技术叫焊接。于是，懵懵懂懂的我来到了他就读过的学校，选择了焊接专业。我暗自下定决心，不管多苦多累，都要坚持下去，不能浪费家里给我的学费、生活费，以后我要靠着这手艺挣钱养家。

没有豪言壮语，我只知道自己必须坚持下去。现在想想，正是当初这份朴素的信念，成为我踏上世界技能大赛之路的原动力，助我从大山深处一步步登上世界技能大赛的舞台。7 年前，凭借刻苦的练习，我幸运地成为第 42 届世界技能大赛焊接培训班的预备队员。在攀西的阳光下，教练周树春老师讲述的世界技能大赛故事，点燃了我心中梦想的火种，令我心潮澎湃，一个大胆的念头在我内心萌动：“总有一天，我要成为国家选手，我要走向世界！”然而，通往世界技能最高舞台的路途，远比我想象得还要艰辛与坎坷。

2012 年，我仅以一个名次之差，无缘第 42 届世界技能大赛国家集训队，那年，我的师兄王晨宇获得了优胜奖。2014 年，入围国家集训队的我，又遗憾地止步于第 43 届世界技能大赛“五进二”淘汰赛。那年，我的同班同学曾正超夺得了焊接项目金牌，实现了中国在世界技能大赛上金牌零的突破。这期间，我还与师兄杨金发参加了第十二届全国工程建设系统职业技能竞赛，他获得了冠军，并被授予“全国技术能手”称号，而我，只是银牌。看着曾经一起训练的兄弟们都陆续“成名”，看着视频里冠军同门曾正超身披五星红旗的青春呐喊，联想自己却一次又一次与成功失之交臂，说没有失落和彷徨那是不可能的。但是，在他们身上，我看到了国家对技能人才的重视，我将他们作为学习和奋斗的榜样。我没有灰心，更加坚定了前行的勇气。我在心里默默地下定决心：“不放弃，再努力！世赛，等着我！”

实战，是提升技能的最好契机。怀揣着凌云之志，我选择到项目一线去磨炼自己。我回到公司天津项目部，负责钢铁轧机压力管道的焊接任务，开始了紧张而又繁忙的班组生活。管道焊接全部采用钨极氩弧焊，工地上的焊接设备只能采用划擦起弧，这是我在以前训练时没有遇到过的。不但如此，轧机压力管道焊接质量检测全部为射线探伤，并且要在管道内注入 200 千克的液压油进行压力测试。面对如此严苛的质量检验标准，我不敢有丝毫懈怠，力求精益求精。就这样，实战的磨炼使我的焊接技术得到了快速提升，心态也更加成熟。后来，由我负责焊接的 200 多个点位，全部通过探伤和压力测试，合格率达到 100%！

机会，总会垂青有准备的人。2016 年，我再次接到师父周树春的通知，获得了参加第 44 届世界技能大赛选手选拔的资格。放下电话的那一刻，我百感交集，我知道，按照世界技能大赛年龄要求，这是我人生中最后一次为世界技能大赛拼搏。我感恩，能够被企业信任，重新获得圆梦的机会。我告诉自己，我已没有退路，必

须破釜沉舟，把握机遇，全力以赴！

我相信“越努力越幸运”。有了多次大赛的磨炼和实践的锻炼，我手中的焊枪似乎和我配合得更加默契了。2016年6月，我获得第44届世界技能大赛四川选拔赛焊接项目第一名；7月，获得第44届世界技能大赛全国选拔赛焊接项目第一名，入选国家集训队，被授予“全国技术能手”荣誉称号。进入国家集训基地进行训练后，在以刘景凤“刘妈妈”为组长的专家团队的帮助和支持下，我的技术更是得到了大幅度提升。2017年2月，我获得2016—2017美国国际焊接技能比赛冠军；6月，获得2017年中国国际技能大赛焊接项目冠军；7月，获得2017澳大利亚全球技能挑战赛焊接项目第一名。这些熠熠生辉的金牌，凝结着我的青春与汗水，是我用焊枪绣出的梦想之花！

在这些比赛中，令我最难忘的是国家队“十进五”淘汰赛。8月的上海进入了高温模式，虽然赛场采取降温措施，却也难以抵挡强烈的日照和电弧的热量带来的高温，我抽中的赛位又刚好在焊材烤箱旁边，温度比其他工位高出两三度。比赛开始后，穿着厚重焊接服的我刚到赛位门口，热浪就扑面而来，在高温和烤箱的双重炙烤下，我依然全神贯注地进行比赛，一个小时、两个小时、三个小时……汗水湿透了焊接服，模糊了眼睛，我感觉头晕目眩，冲出赛场，在厕所剧烈地呕吐。是的，我中暑了，那天好几名选手都中暑了，晕倒前我残存的记忆是周老师紧紧地拉着我的手，满脸焦虑、眼含热泪。第二天，复赛了，我调整状态，准确把握比赛节奏，顺利完成了所有项目，并以第二名的成绩入围前五。

心中有梦想，脚下有力量。小伙伴们把我备战第44届世界技能大赛的过程，戏称为“开挂的人生”，但我清楚地知道，这些荣誉和成绩只是我实现梦想的基石，阿布扎比，那个看似遥不可及的梦，逐渐变得清晰起来。我更加珍惜在国家集训队训练的每一天。大家也许不知道，那些封闭式训练的强度是近乎“残酷”的，每天早晨6点起床，从体能训练开始，到深夜12点，我们集训车间里的焊花从未熄灭过，这种生活对我而言早已习以为常。那些绚丽的光弧，使我感到充实和幸福，因为它们是我用奋斗的汗水浇灌出的花朵。最初，模块一射线探伤拿不到满分、模块二接头处理不够完美、模块三铝合金焊接温度掌握不到位，我没有气馁，无数次地反复练习，因为我心里很清楚，世界技能大赛上，哪怕一丁点儿的失误，都有可能让我遗憾终生，我不甘心，也不允许自己给青春留下遗憾。所以，我近乎忘我地刻苦努力，手臂上越来越多的烫伤见证了我为梦想拼搏的痴狂。

终于，2017 年 10 月 15 日，我迎来了属于我的“决战”。我手中燃烧着蓝色烈焰的焊枪，就像随我征战沙场的锋利宝剑，我发誓要用它披荆斩棘，圆梦阿布扎比！来自 34 个国家和地区的选手在看似平静祥和的红色围挡里紧张、激烈地比拼，我精神高度集中，不敢有丝毫懈怠，因为焊接项目是世界技能大赛中参赛国家最多的项目之一，高手如林，特别是曾经获得世界技能大赛五连冠的韩国队，更是我强劲的对手。第一天，模块一外观评分我完胜韩国选手，成绩高出 3 分以上；接下来的模块二，韩国选手外观追回来 1.1 分；最后两天的模块三铝合金结构和模块四不锈钢结构必须一次性完成焊接，不允许重复第二遍，难度很大。我按照平时训练的节奏，稳而有序地在焊缝间雕琢，我又赢了韩国选手。在射线探伤和断口检验项目上，我和韩国选手互有胜负打了个平手。胜负的关键取决于分值高达 15 分的压力容器水压试验结果。由于赛场提供的容器管壁比图纸要求薄很多，并且赛前这条焊缝又选择了平常练习次数少、操作最难的焊接工艺方法，焊缝能否经受住考验，我心底还是有些紧张。直到专家刘景凤老师向参赛团队通报，该模块最后顺利通过了 70 千克水压测试时，我知道我们已基本锁定了胜局！

历时 4 天、总时长 18 个小时的焊接比赛，终于在 10 月 18 日结束了，我完成的 4 个模块比赛作品得到了在场各国焊接专家的交口称赞，认为这些焊件具有艺术品的美感。最后，通过射线探伤、压力测试以及外观评判等多个方面的综合评分，我以 94.63 的高分，高出第二名韩国选手 3.53 分的成绩使我国蝉联了焊接项目的冠军，这也是目前为止焊接项目有记录以来的最高分。这其中还有个有趣的插曲，当时大赛焊接设备供应商美国林肯电气公司的代表，想为他的焊机做宣传，对我的焊件进行了多角度拍照，但照片始终无法完全还原构件的精美程度，这个代表苦苦找了半天原因，最后懊恼地说，都怪手机拍照的功能不够好，无法把作品的完美造型展示出来。这些都是比赛结束的时候专家告诉我的，我听到后很高兴，也很自豪。

令我永生难忘的日子，是 10 月 19 日的夜晚。我身披国旗登上了焊接项目冠军领奖台。当我看到我们保障团队在观众席上打出在国内就准备好的“中国焊接，我们又赢了！”的大幅标语时，我开心而自豪地笑了，现场的欢呼声是我听过的最美的声音。后来，我也和这幅标语一起合影留念，我国的主流媒体对这张照片的解读非常精彩，他们说，这个横幅，充分彰显了中国技能人才的强烈自信！走下领奖台，专家刘景凤和教练周树春分别给了我一个大大的拥抱，跟我说：“小伙子，好样的！”那一刻，我百感交集，热泪盈眶。我想，我是幸运的。我庆幸自己生在这个“崇尚技能、尊重人才”的新时代，我庆幸我的企业高度关注和重视技能人才的培养，我庆幸有国家级的技能大师和专家团队为我们这些青年人领航引路！

目前，我已经投入第 45 届世界技能大赛的选拔和培训工作，以助理教练的身份向新选手传授焊接技巧。我希望有更多的技能人才把“大国工匠”精神传承下去，让“中国制造”成为享誉世界的品牌，提振民族精神，彰显大国魅力。我更希望 2019 年在俄罗斯喀山，中国能再创辉煌，也预祝 2021 年第 46 届世界技能大赛在我国上海成功举办！

最后，我想再说一遍感谢，感谢一直以来关心、帮助我成长的各级领导、各位专家、教练和与我一起参与集训的选手们。作为施工一线的技术新兵，作为一名光荣的预备党员，我不会沉湎于曾经的荣誉和掌声，我会把六年来的汗水与泪水编织成记忆的珍珠，铭刻在心，化为动力。这份记忆，名叫“奋斗”，名叫“青春”！未来，我会更加脚踏实地、勤勉努力，继续苦练新技能、再创新业绩，立足岗位，创造更优异的成绩，来回报国家、回报企业、回报这一路爱我的人。我相信，我和我们这一代青年们，一定会让美丽伟大的中国梦在矢志不渝的追求中变成现实！

张志斌，男，汉族，1996年10月出生，广东省普宁市人，共青团员，广东省机械技师学院数控加工中心专业2012级学生；在第44届世界技能大赛上获塑料模具工程项目金牌。

张志斌

第44届世界技能大赛塑料模具工程项目金牌获得者

势在一搏，青春无悔

我叫张志斌，是广东省机械技师学院教师，第44届世界技能大赛塑料模具工程项目金牌获得者，十分荣幸参加今天的报告会。首先，向在座的各位领导、老师、同学们致以诚挚的问候！

第44届世界技能大赛已经于2017年10月落下帷幕，中国代表团创造的优异成绩又一次引起了全国乃至全世界的广泛关注，相信在座各位都通过中央媒体和地方各级媒体感受到了本届大赛的盛况和激情。但对于我来说，深深感受到的是党和国家对职业技能人才的极大重视，这是莫大的鼓舞。劳动光荣、技能宝贵、创造伟大，是我们这个时代的新风尚。政府和企业对技能人才的重视和关爱，营造了“人人皆可成才，人人尽显其才”的良好环境和氛围，也是激发我们走技能成才之路的强大动力。今天，借此机会，和大家分享一下我学习技能、参加世界技能大赛的感受。

2012年9月，初中毕业后，我来到哥哥所在的学校——广东省机械技师学院，就读和哥哥相同的数控加工中心专业。2013年5月，在普通班级学习一段时间后，我抱着试一试的心态报名参加了学院竞赛集训班选拔。进入集训班后，我发现自己的水平基本是垫底的，但我不想就此服输，于是找了几位技术相差不大的同学，利用休息的时间，加强训练，争取早日赶上其他同学。通过一段时间的努力训练，历经十几轮班内淘汰赛后，我终于留在了集训班。虽然留下了，但我感觉自己的专业功底比其他同学薄弱很多。在最后一轮淘汰选拔赛中，我吸取了指导老师的建议，做出了一个具有重大转折意义的决定：更换集训项目，从数控铣项目调整到塑料模具工程项目。这一决定给我带来了巨大的挑战，虽然都是机械类专

业，但毕竟是两个专业，很多专业术语很难听懂，而其他同学都是模具专业的，进步比我快得多。那段时期，我紧张过、彷徨过，生怕跟不上队伍，落在后头。落后就意味着出局，出局就意味着回到原地，意味着或许我将再也无缘参加世界技能大赛了。每每想到这些，永不服输的信念告诉我：一定要付出比别人多几倍的努力，一定要留下来，一定要走到最后跟最厉害的选手一争高下。终于，通过比别人更加艰苦的学习和不懈的训练，我在第 43 届世界技能大赛广东省选拔赛和全国选拔赛中均取得第一，这个美好的开篇让我充满了信心。入选国家队后，在“八进四”的队内淘汰赛中，我顺利地获得了第一名，但“四进二”选拔赛时，由于乏累和轻敌，状态有所松懈，加上比赛经验欠缺，我遗憾地落选了。本该和哥哥张志坤一同出战世界技能大赛的我在落选后曾经想过放弃比赛，离开学校找工作，但指导老师的鼓励和挽留让我决定再次启程，准备继续参加第 44 届世界技能大赛。

机会来了。在 2016 年 6 月举行的塑料模具工程项目广东省选拔赛上，我获得了第一名；2016 年 10 月全国选拔赛，我获得了第二名，我成功入选国家集训队。这次全国选拔赛的第一名是我的师弟，于是我有些担心，害怕技不如人，我的心理压力很大。教练在训练中发现了我的情绪，及时开导我，教我如何排压减压，把压力转化为动力，让自己能够更加刻苦努力地训练下去。我没有辜负教练的期望，在国家队“九进五”“五进二”选拔赛中，分别以第一名、第二名的成绩留在队中。

说来也巧，最终和我一起竞争正选选手的，正是我从上一届世界技能大赛选拔赛一直竞争到现在的老对手，我们学院的同学。为了能够成为正选选手，我花了比平时更多的时间和精力去摸索更好的方法，改进各项技术细节，并开启了魔鬼训练模式。功夫不负有心人，国家集训队“二进一”决赛足足进行了 10 场激烈的对战，经过 10 场对决后，我终于获得了为国出征的机会。面对这来之不易的代表国家参赛的机会，我感到无比激动和光荣。

势在一搏，青春无悔。在阿布扎比，在专家、翻译和教练团队的帮助下，我出色地完成了比赛。努力没有白费，我终于身披鲜艳的五星红旗，骄傲地冲上技能竞赛的最高领奖台，像哥哥一样实现了自己的冠军梦。

回到国内，我们受到了盛大而隆重地会见，国务院总理李克强、人力资源社会保障部原部长尹蔚民等领导亲切地会见了世界技能大赛获奖选手。现在，每每回想起站在领奖台的那一刻，我都深深体会到，金牌的背后，既有专家、教练和翻译团队的精心辅导，又有广东省机械技师学院和集训基地的鼎力支持，还有各级领导无微不至的关怀，更有日益强盛的祖国作为坚强后盾。技能改变人生，技能成就梦想，我将秉承工匠精神，不忘初心，在技能之路上继续前行，为祖国争得更多的荣誉!

从成为竞赛选手，到参加世界技能大赛获得金牌，再到现在留校担任竞赛教练，我有三点体会想和大家分享。

第一是坚持。一旦找准人生的方向和目标，就要坚持不懈，奋勇前行。

入校后第二个学期，我考入学校技能竞赛班，虽然竞赛班的压力很大、竞争很激烈，但我把“坚持不懈”作为座右铭。因为喜欢这个技能，即便每天三点一线的枯燥训练，没有寒暑假，我也能全身心地投入训练，每一天都过得特别充实，我觉得只要我努力了，就会有不一样的人生。回首学习经历，我一步一个脚印，从不好高骛远，认真踏实地做好每一件事。例如：防止零件结构变形、材料内应力的释放、加工温度对精度的影响等，都是难以掌握的技术难点，每个难点我都要通过上百次的训练和尝试、经历数不清的失败后，才能掌握其中的规律。从学校选拔赛到广东省选拔赛，再到全国选拔赛，“十进五”“五进二”“二进一”，我历经层层淘汰赛，这

无论对技术还是心理都是一次次严苛的考验，正是无惧地坚持不懈、无畏地砥砺前行，让我一步一步地走上了世界技能大赛的领奖台。

第二是感恩。感谢学校领导、专家、教练团队的默默付出。

在通往世界技能大赛的道路上，专家、教练们放弃陪伴家人的时间，传授我们精益求精的工匠精神和过硬的专业技能；关注着我们的点滴进步；在我们思想上有波动时，还要做苦口婆心的教育引导。那时我还无法理解，后来我明白了，严厉是对我们成才的期盼，耐心是对我们的爱惜。因为成功的路上没有捷径，蜕变本来就是一件很痛苦的事情。在这里，我要对专家教练们衷心地说声：谢谢！

第三是信心。相信自己的选择，坚持走技能成才之路，努力实现梦想和人生的价值。

我的经历说明，青年走技能成才之路，人生同样可以出彩。青年兴则国兴、青年强则国强，青年技能人才是国家技能人才队伍的生力军，肩负着技能强国的重要历史使命。我们每一个人，只要坚信劳动光荣、技能宝贵、创造伟大，就一定可以成功。

今天，我们生活在这个充满机遇的新时代。技能改变人生，改变我的不是技能本身，而是这个所有人都热爱技能的大环境。国家高度重视职业教育、重视技能人才，为我们提供了平台，让我们这些学习技能的人也能够展现自己的风采。竞赛让我有了努力的方向，在激烈的竞争过程中激发出自己的潜能，并且从中慢慢地建立了信心。同学们，你们也一定能行！让我们共同努力吧！

新的起点，新的征程。如今我已是一名教师，今后我将继续向更多大国工匠学习，立足本职，弘扬工匠精神，让更多学生在技能成才的道路上越走越好，为社会培养更多技能人才贡献自己的微薄之力！

蒋应成，男，1996年5月出生，云南省保山市人，杭州技师学院毕业后留校任教，教授级高工，浙江省第二位特级技师，在第44届世界技能大赛上获汽车喷漆项目金牌；2014年被授予“全国技术能手”荣誉称号，2017年获杭州市交通运输系统“最美交通人”称号、杭州市交通运输系统“优秀教师”荣誉称号、杭州市五一劳动奖章、“桐庐县杰出人才”称号。

蒋应成

第44届世界技能大赛汽车喷漆项目金牌获得者

匠心探寻技能，静谧积蓄力量

我是来自杭州技师学院的蒋应成，在第 44 届世界技能大赛中获得汽车喷漆项目金牌，非常开心在这个春暖花开的季节与大家分享我的一些成长经历、心得体会。作为一名汽车涂装专业的青年教师，能有幸参加世界技能大赛，并获得梦寐以求的金牌，为杭州、浙江、国家赢得荣誉，我感到非常光荣和自豪！

我出生在云南省保山市一个普通的农村家庭，因为从小对汽车和颜色感兴趣，所以在面临选择读普高还是职高时，我毫不犹豫地选择了设有汽车喷漆专业的职高来实现自己的梦想。2012 年，我来到杭州技师学院。同年，在学院每年一次的学生技能运动会上，我以出色的表现赢得了老师、同学们的掌声，第一次体会到技能本领给我带来的光荣。随着对喷漆技术的深入了解，我越来越清楚自己内心的渴望，那就是对技能的极致追求。

正是出于这样的心理，2014 年，在世界技能大赛选拔赛中，通过层层选拔，我以全国选拔赛第一名的成绩入选第 43 届世界技能大赛国家集训队，但这次我却与世界技能大赛擦肩而过。但我见到了真正追梦的人是怎样执着坚持的，我见到了渴望技能的人是如何玩命训练的，我见到了梦圆时刻他们的热泪盈眶……他们让我感动，让我心生敬畏。比赛征程上的所见所闻、所思所想，都是我人生中最宝贵的财富之一。

顾城的诗里说："走了那么远，我们去寻找一盏灯。"对于我而言，那灯就是世界技能大赛，是我的技能梦，让我能够一步步前行。2016 年，我以学院教师的身份再次参加世界技能大赛选拔赛，朝着世界技能之巅勇敢冲刺。2016 年 9 月，我再次以第一名的成绩入选国家集训队，我知道这是一个全新的开始，蛰伏了这么久，我要把自己最好的一面展现出来，打一场漂亮的胜仗。

集训期间，高强度训练是我每天的必修课，高温酷暑、汗流浃背、手臂酸痛这些对我来说更是家常便饭，但我压根不觉得艰辛，训练时的每分每秒都让我觉得踏实、开心，即便是放假休息时我也总想着到训练场去。我经常告诫自己，不能满足于国家集训队的选拔成绩，更重要的是在国际舞台上正常发挥，展现中国技能青年的风采。在最后的冲刺阶段，由于持续高强度训练，我不得不贴膏药来缓解右肩胛骨的疼痛，但这些都不能阻止我继续向前。经过努力，我终于披上了国家队的战袍，在异国他乡为祖国、为自己赢得了荣誉。现在回想训练的那段时光，自己就像一块海绵，抓住一切机会吸收各种养分，累并快乐着。这样的时光人生能有几回？而我何其幸运！

参加这次比赛，我有以下几点体会：

一是追逐梦想，顽强拼搏。从 2013 年到 2017 年，我为参加世界技能大赛整整准备了 5 年，这 1 800 多个日夜，支撑我走下来的是对技能梦和世赛梦的追求，那就是我要争做全国最棒的汽车喷漆手！“宝剑锋从磨砺出，梅花香自苦寒来”，只有经得起时间和困难的磨炼，才能最终到达理想的彼岸。在高强度训练中，无论遇到多大困难，我都咬牙坚持，以高标准要求自己，曾经我有两个月没有出过校门一步，除了吃饭睡觉，基本都在训练。夏季烤漆房里 40 多度的高温，要把每一个细节做到极致，一天下来汗水能够湿透七八套工作服，我从没有中断过训练。比赛时，我集中注意力做好每个环节，牢牢抓住每一个得分点，坚强的毅力和拼搏精神让我顺利完成比赛，并取得了优异的成绩。

二是精益求精，追求卓越。精益求精、追求卓越是工匠精神的核心内涵。在我的理解里，精益求精就是不差毫厘，追求卓越就是每天进步一点点。只要每天进步一点点，我离世界技能大赛就更近

一点；只要站上世界技能大赛的舞台，我离最初的技能梦想就更近一点。汽车喷漆项目的评分标准非常严苛，按照世界技能大赛的要求，油漆上下的厚度误差不能超过 0.01 毫米，相当于一根头发丝直径的 1/6 左右，这就要求严格控制喷枪的气压、出气量、走枪的速度等。比赛过程中，要用到左手的地方很多，为了让我的左右手都能熟练操作，达到稳定的水平，教练、专家对我的训练是“吹毛求疵”式训练加“魔鬼”式折腾。通常，教练会要求我左手拿喷枪，并在喷枪上挂一瓶矿泉水练习稳定性，最开始的时候，一天下来手臂酸痛，吃饭拿筷子时手会不自觉地发抖。有时候为了一个动作的准确、流畅，教练会要求我一整天就练那一个动作，就是我们大家常说的“机械性地重复”，后来演变到日常生活中，只要用手的地方，我都优先用左手。现在，除了会左手喷漆，我还学会了用左手吃饭。比赛对体能的考验也很大，为了让自己的体魄更强健，我每天绕学校操场（400 米跑道）跑 30 圈。正是这种多方位苛刻的训练，为我在正式比赛中正常甚至超常发挥打下了扎实的基础。

三是团队合作，凝心聚力。世界技能大赛看似是我一个人在比赛，其实背后是整个团队在比赛。我现在所取得的成绩，离不开专家、教练的精心指导，也离不开翻译的准确翻译，更离不开大家的帮助和支持。训练期间，专家和教练陪我熬过了许多辛苦的日日夜夜；在阿布扎比，为了让我专心比赛，他们像亲人一样关心我的衣食起居，让我以良好的状态全身心投入到比赛中去；赛场上，他们与我“同呼吸、共命运”，甚至比我更紧张。比赛的那几天，我的右肩胛骨上一直都贴着膏药，那膏药是翻译从国内一路背到赛场上去的。这些都是极大的鼓励和支持。

金牌只有一块，上台就我一人。但这块金牌饱含了我身后那些默默为我付出的人的心血和汗水，学院的院长、老师、同事，国家集训队的专家、教练、领导，等等，正是因为有这样一个精诚团结、高效运作的团队，正是因为有世界技能大赛及全国选拔赛这样的平台，我才能像一颗落入沃土的种子，沐浴着阳光雨露，茁壮成长，一展雄姿。

再多的话也无法完全表达我内心的感谢，我只想说，我会永远怀着一颗感恩的心，在今后的人生中努力践行我们团队的精神，在追求技能进步、“传、帮、授、带”教书育人的道路上不忘初心、执着前行。

其实，我是一个偏内敛、不善表达的人。相对于站在今天的讲台上，可能赛场上的我更自信一点，也更适合一些。但是，亲爱的同学们、朋友们，我还是想以自己的经历告诉大家，珍惜当下，钻研技能，勇敢去追求你们心目中的星辰与大海，你们会收获属于你们的掌声和鲜花。我们常说“条条大路通罗马”“三百六十行，行行出状元”，今天我不敢说自己到了“罗马”，也不敢说自己已经是一名“状元”，但是技能的确改变了我的人生轨迹，让我这个“寒门子弟”实现了自己的梦想。我爱汽车喷漆技术，我爱我的车间、烤漆房，而我只要熟练掌握了这个技术，不管到哪儿，不管多久，我都能自立自强、服务大家。

同学们、朋友们，看到我的金牌，看到我收获的那些荣誉和奖励，我想你们一定非常羡慕。是的，成功和荣誉总是让人倍感愉悦。我们现在处在这样的美好时代，国家和各级地方政府都在大力弘扬工匠精神，都在加大对技能人才的培养和激励，形成不唯学历凭能力的良好氛围，从方方面面为我们技能成才、技能就业创造良好的环境，我也于 2018 年 3 月拿到了浙江省特级技师 0002 号证书，成为浙江省第二名破格晋升的教授级高工。

我的师兄——第 43 届世界技能大赛汽车喷漆项目冠军杨金龙，作为第十三届全国人民代表大会代表参加了刚刚结束的十三届全国人民代表大会一次会议。他将政府工作报告中提到的“全面开展质量提升行动，推进与国际先进水平对标达标，弘扬劳模精神和工匠

精神，建设知识型、技能型、创新型劳动者大军，来一场中国制造的品质革命”分享给我，我们深信：中国制造的品质革命来了，我们技工教育、技术工人的未来就像这明媚的春光，充满希望，充满活力和生机。

技工院校的学子们、一线的技术工人们和未来的建设者们，技能是一片肥沃的土地，这里有气候宜人的水土，只要你是一颗优秀的种子，只要你坚定技能成才的信念和目标，有足够的努力和毅力去冲击，你一定能够破土而出，破茧成蝶，演绎自己灿烂的人生！让我们一起不忘初心，不负时代的重托，争取在新时代创造属于我们的新未来，实现我们的技能梦！

杨山巍，男，汉族，1997 年 11 月出生，四川省资阳市乐至县人，共青团员，上海市杨浦职业技术学校车身修复专业 2012 级学生，在第 44 届世界技能大赛上获车身修理项目金牌；2014 年，获得全国职业院校技能大赛车身修理项目一等奖。

杨山巍

第 44 届世界技能大赛车身修理项目金牌获得者

青年强则国强，
普通岗位也能成就大国工匠

我是杨山巍，来自上汽集团乘用车公司。

非常幸运，我们生活在一个高度重视技能人才的时代。

2017 年 10 月 14—19 日，在阿联酋阿布扎比隆重举办了第 44 届世界技能大赛。我作为选手，代表中国“智造”，与多个国家选手以技能竞赛。在 10 月 19 日进行的第 44 届世界技能大赛闭幕式上，一声声“China”响彻会场。阿布扎比的天气很热，但更令我们热血沸腾的是眼前满目飘扬的五星红旗和耳畔响起的阵阵国歌声。

那天晚上，主持人宣布车身修理项目金牌获得者，当他念出“China，Shanwei Yang”时，我控制不住自己的情感，激动的泪水夺眶而出。我脑海中闪现出四百多个日夜挑灯训练的画面，闪过教练、老师们一张张殷切的面孔。当我身披国旗，跑过半个法拉利主题公园，站在高高的领奖台上，看着现场热情欢呼的人群，我望向夜空遥远的东方，百感交集：有苦尽甘来的感触，有满腔想要诉说的感恩，有生逢其时的感慨，更有对日新月异、日渐强大的祖国的自豪。如今每每回想起当晚的情景，我的内心澎湃依然。

金牌沉甸甸的，它凝结着整个团队为之付出的日日夜夜。世界技能大赛车身修理项目比赛的赛程为 4 天，有效比赛时间共计 22 小时，要求选手在一辆车上完成车身测量与校正、结构件更换、非结构件更换、板件修理等模块的操作。这是对选手技术技能、体能耐力、心理素质、临场应变能力等多方面综合实力的考验。古语云：台上一分钟，台下十年功。这 22 小时的背后是一支钢铁团队几年的匠心磨砺，这其中的故事，我想通过三组有趣的数字来与大家分享。

一、0.5 分的遗憾和 3 分的骄傲

因为从小喜欢制作汽车模型，初中毕业后我选择进入上海市杨浦职业技术学校车身修复专业继续学习，也因此与世界技能大赛结缘。2014 年，我在全国职业院校技能大赛车身修复项目比赛中获得一等奖；2015 年，18 岁的我成为第 43 届世界技能大赛车身修理项目全国集训队的一员，艰苦的训练从那时开始，可是最后“二进一”淘汰赛中，我以 0.5 分之差与第 43 届世界技能大赛失之交臂。以微弱分差与世界技能大赛擦肩而过，我心里有遗憾，但这也让我意识到，职业技能的沉淀不是一朝一夕的比赛能够促成的，而是要经过漫长且扎实的积累，是铁杵磨成针的坚韧。当机会再次来到我面前，我毫不犹豫地再次回到熟悉的母校实训室，加入第 44 届世界技能大赛车身修理项目中国集训队。

在这次比赛中，有两个板件对焊缝要求精度误差在 2~3 毫米，分值 2 分，我最终拿到了 1 分。看似得分并不高，但在所有 22 位参赛选手中只有我一人做到了。在焊接后还有部件切割检验的比赛环节，基本功扎实的我同样做得完美。截至常规比赛时间结束时，只有 3 位选手完成全部比赛内容，我凭借极其精细化的操作，最终以领先第二名 3 分的绝对优势摘取桂冠。

二、1 毫米，1 000 片

世界技能大赛的竞技水平和训练要求非常高。而我对自己的训练要求也严格到了“病态”的地步：教练允许有 2 毫米的误差，我就规定自己的误差必须小于 1 毫米；门板修复一般用手摸、用尺量，而我用强光灯照在门板上，一点一点地寻找不平；每一次看似简单的敲击，我都要反复练习上百遍，力求每次都能做到分毫不差。

第 44 届世界技能大赛车身修理项目比赛试题的反复变化也是

我们面临的一大挑战。就在我第三次练习完整流程模拟训练时，世界技能大赛网站公布新增配件，更换此配件需要用胶粘铆接，在汽车底盘上钻孔。但是，要在汽车底盘上钻孔谈何容易：底盘是汽车最坚固的部位，一般钻头无法钻入；底盘位置也不容易接近，即便使用测量平台，人也只能歪着脑袋，斜侧身体进入；并且钻孔时双手无法同时使用，只能单手拿工具钻孔。当天晚上，我立即开始练习。然而，由于底盘硬度过大，平时训练使用的普通钻头无法穿过底盘，钻头一个接一个地报废。教练团队开始寻求校企合作的上汽集团、奔驰上海培训中心等行业专家的帮助，我们尝试了超高强度钢钻头、含钴钻头、定位铣刀、焊点分离钻，最终成功实现底盘钻孔。但这仅仅是开始，要让钻孔的孔径和尺寸达到工艺标准，仍需要反复练习。每一轮训练，我都带着面罩，拿着焊点分离钻，侧身于底盘下 2 小时，钻出 100 多个胶粘铆接孔。在狭小的空间内长时间保持同一个姿势，肌肉拉伤，腰痛难忍。在一旁指导训练的老师们看在眼里，疼在心里，负责后勤保障的老师给我买了护腰，在我休息时亲自给我按摩，帮我舒缓疼痛。就这样，有了大家的关爱和呵护，我知道我一定能行。

实训室仓库里堆积如山的废料，都是刻苦训练的见证。据不完全统计，集训期间，因训练磨损的各种钻头达 300 多个，消耗的各种打磨片近 1 000 片。正是这样的严格要求，正是对技术的精益求精，才为我在比赛中取得好成绩打下了扎实的基础。

三、三星还是超五星

世界技能大赛比的不仅是职业技能，更是职业素养。所谓匠人匠心，就是不断地对精益求精的追求，不断地实现自我超越的过程。

我们整个车身修理团队的理念就是：五星标准只能得到四星评价，只有超五星的要求才能得到五星的超越。着眼于出精品，用一流标准努力追求卓越，勇于登高望远，突破创新，只有这样，才能在实际工作中不断做出成绩，一步一个脚印地实现人生理想。

世界技能大赛采用开放办赛的形式，比赛全程向公众开放，特点在于比赛期间会有各国专家围观，甚至还有观众录像，比赛现场将会十分喧闹。在这种情况下，选手如果没有出色的心理素质和抗干扰能力，很容易被外界干扰，难以顺利按规定完成比赛内容。因此，我接受了心理辅导和抗干扰训练。2017 年 9 月做整车完整流程模拟训练时，教练组设置工具故障，学校也安排了其他专业的同学轮流参观，周围还有摄像机移动跟踪拍摄，我排除了一切干扰，按照自己的节奏冷静操作每一个环节，最终顺利完成训练。

备战期间特别难忘的是 2017 年 10 月 6 日——我即将出发的前一天下午，世界技能大赛网站公布的部分试题突然又有更新，结构件更换模块的前纵梁改为车身 A 柱，而这个部位是往届比赛中都未曾涉及的内容。时间紧迫，专家教练团队迅速集合，召开技术分析会，连夜指导我练习拆解 A 柱，研究内部结构，模拟损伤样例，制订修复方案。当晚的加急训练一直持续到凌晨四点多，离开训练场时天色微亮，晨光熹微，我心知一场没有硝烟的战争已经随着黎明悄悄来临。

第 44 届世界技能大赛最为残酷的是有太多不确定因素：赛题、赛程和赛场环境都在变化。正式开始前，每位选手都要抽签来决定各模块的先后操作顺序。比赛内容也是比赛当天才会知晓，比赛期间的耗材、车型也多次变化，对选手的比赛策略和赛场应变能力有较高要求，以至于最后只有中国、瑞士、英国三个国家的选手完成全部规定比赛内容。

如果说这枚金牌是镶嵌在王冠上的钻石，那么我只是最后去采撷它的人，荣誉属于每一位为之奉献的人。感谢国家各级领导对职业技能教育的重视，感谢上汽集团在训练中提供的有力支持，感谢专家教练团队对我的培养！

人们常说，一粒种子只有深深植根于沃土才能生机无限。金牌已成为过去的荣誉。“凡是过往，皆为序章”，每位技能人才在回到各自学习、工作的岗位后，都陆续开启了人生的新征程。我也非常感谢有机会加入上汽集团这个大家庭，感谢集团在备赛期间对我的支持和帮助，让我拥有更多的练习机会。我会把感恩之心化为行动，再次扬帆起航，把世界技能大赛执着追求、克难奋进、精益求精、追求完美的工匠精神带到新的工作岗位上。我目前是上汽集团的一名一线员工，这是我新生活的起点，也是个人为中国“智造”贡献新力量的原点，我会踏实走好技能成才、技能报国的每一步，激情筑梦，为中国制造奋力拼搏。

中华民族伟大复兴的道路上需要新生力量加入，身为青年技能人，我们责无旁贷。

邓燚祯，男，1993年11月出生，广东省河源市紫金县蓝塘镇人，中共党员，广东省岭南工商第一技师学院教师，在第44届世界技能大赛上获机电一体化项目金牌。2016年11月到2017年10月，他入围第44届全国集训队期间，在全国“六进三”“三进二”“二进一”选拔赛中，每次都以第一名的成绩顺利晋级。

邓燚祯

第44届世界技能大赛机电一体化项目金牌获得者

让中国红在世界舞台尽情闪耀

我叫邓燚祯，是广东省岭南工商第一技师学院的一名教师。本次在阿布扎比举行的第44届世界技能大赛中，我和队友叶子进经过4天的激烈角逐摘得了机电一体化项目的金牌。今天能作为获奖选手在此和大家交流，我备感荣幸。

能够亮剑阿布扎比并一举夺金，我要由衷地感谢党和国家的信任与栽培，感谢各级领导、项目专家组、教练团队的深切关怀和大力支持，感谢各集训单位为竞赛事业做出的无私奉献。在此，我要向曾帮助、支持过我的领导、教练和队友深深鞠上一躬，谢谢你们！

“有志者，事竟成，破釜沉舟，百二秦关终属楚”。在阿布扎比亚斯体育馆里，我和队友叶子进身披五星红旗，登上了梦寐以求的冠军领奖台，第一次感受到了为国争光的荣耀，回想起那份成功的喜悦，仍让我热泪盈眶。

一枚小小的金牌不仅让中国红在世界舞台上尽情闪耀，还展示了我国青年技能健儿的精湛技艺，体现了我国技能人才队伍建设的成果。下面，请允许我谈谈在训练和比赛中的几点体会，和大家作个交流。

一、厚积薄发，永不言败

我曾经问自己，要成为一名“大国工匠”，这条路有多远？从2013年开始，我参加了学校机电一体化的集训，这条磕磕碰碰的追梦路，一走就是4年多。在机电一体化领域中，涉及的知识非常广泛，日常需要阅读大量资料，整合各方资源，有针对性地补充相关知识，做到举一反三。书本上的知识再好，也得通过实践才能检验。当遇到复杂的电路图案例，我会把电路图分成一个个模块，按照自己的思路化繁为简，重新整理，并运用在实际操作上。长年的刻苦学习，让我积累了牢固的根基。

在2014年的全国选拔赛上，我未能胜出，这对我来说是一个不小的打击，曾经以为努力功亏一篑，也曾经低落消极过，但幸好我们始终不肯轻易说放弃。我和搭档在教练的帮助下迅速调整状态，坚持了下来，最终顺利走到了夺金之路的终点。这条追梦路，虽遥远，但可及。

二、稳扎稳打，决胜毫厘

第44届世界技能大赛机电一体化项目共有6个模块，赛程为4天，累计比赛时间18个小时。比赛需要在规定时间内完成灌装生产的打包生产线，我们要对产品进行装配、编程、调试、优化。面对复杂的工作流程，我们选择了稳扎稳打策略。比赛过程并非一帆风顺，在灌装小米粒的时候，米粒掉了一地，比赛规定若现场出现垃圾会被扣分，对于这种现象的发生，虽然心中早已有策略，但心情仍然很忐忑。我不断地告诉自己不要怕，要稳住。幸好我们做出了合理的应对措施，并提前完成了所有任务。

回忆比赛现场，各国的选手都很出色，最终得分非常接近，用平均700分制计算，金牌和银牌只相差了2分。如果折算成100分，金银铜牌只有小数点后面两位数略有差别，可以说是差之毫厘。这次的结果提醒我们在比赛中一定要保持镇定，稳扎稳打，绝不放弃一分一毫！

三、立足岗位，敢于担当

党的十九大报告强调，要建设知识型、技能型、创新型劳动者大军，弘扬劳模精神和工匠精神，营造劳动光荣的社会风尚和精益求精的敬业风气。这句话让我们深切感受到习总书记对弘扬劳模精

神和工匠精神的谆谆教导，对培养一大批技能型大国工匠的殷切希望。作为新时代技工院校的教师，我们要积极践行习总书记的要求，紧跟时代发展的步伐，立足岗位，敢于担当，不忘初心，砥砺前行，为“中国制造 2025”培养和输送一大批高素质技能型紧缺劳动者。同时，在不断变革的世界技能大赛中，持盈保泰，守正出新，培养一批顶尖的竞赛选手，带领他们在国际舞台上以过硬的技能水平、职业素养向世界展示我国青年技能健儿们的精湛技艺，推动我国从“制造大国”迈向“制造强国”，为实现中华民族伟大复兴的中国梦奠定基础。

世界技能大赛是一个大舞台，让技能人才尽情展示学成的力量；世界技能大赛是一根鞭子，鞭策我们更加努力地掌握专业知识，诠释“工匠精神”，展示“中国制造”硬实力！我将以这次比赛作为新的起点，时刻牢记金牌精神，以更昂扬的姿态，为祖国贡献自己的一份力量！

叶子进，男，汉族，1994年7月出生，广东省清远市人，中共党员，广东省岭南工商第一技师学院教师，在第44届世界技能大赛上获得机电一体化项目金牌。2016年，获得劳动出版“技能雏鹰”奖学金。

叶子进

第44届世界技能大赛机电一体化项目金牌获得者

“坚持”比“放弃”只多一笔

我叫叶子进，来自广东省岭南工商第一技师学院，是一名教师。在第44届世界技能大赛中，我和搭档邓燚祯经过4天的比赛，摘得了机电一体化项目的金牌。今天我很荣幸能作为获奖选手和大家交流。

我和搭档能在阿布扎比取得世界技能大赛机电一体化项目第一名的好成绩，离不开党和国家的高度重视，离不开各级领导的亲切关怀，离不开各集训及走训单位的鼎力支持，离不开专家、教练团队的敦促和鞭策。

在闭幕式前，我曾在脑海里预演了无数遍领奖的场景，想象了无数种姿态去迎接现场的鲜花和掌声。10月19日晚上，梦想终于实现。记得当时我和搭档邓燚祯一路小跑到领奖台上，蹦跳着向观众们挥动五星红旗，激动的心情溢于言表。如今回想起那一幕，我的手依然会颤抖，心跳依然会加速。四年磨一剑，回首这段砥砺前进的日子，我有许多感悟，下面请允许我和大家分享这些年来训练的经历，和大家作交流。

一、众志成城，攻克难关

我的教练曾说过：“面对困难，要敢于啃硬骨头、涉险滩、闯难关。”还记得2013年刚开始集训时，学校没有正规的比赛设备，同学们只能用学校的教学设备，一边看着比赛的照片，一边在脑海里进行想象训练，这个过程十分困难。虽然这样的集训方式没能让我们在比赛中拿到好成绩，但当时大家都很珍惜这次来之不易的训练机会，没有人想过放弃。在那段日子里，所有师生众志成城，每天从早上8点训练到晚上11点半，有时候遇到难题，甚至研究到凌晨2点才回宿舍休息。攻克难题的喜悦战胜了身体上的疲惫。这也是我第一次体会到工匠精神的深刻含义。

临近省赛，为了提高我们的心理素质，教练特意把训练场地搬到了学校人流最密集的空地上，6月份的广东十分闷热，炎热的天气和来来往往的人群考验着大家的心理素质，我们必须在这样的环境中保持冷静，沉浸到紧张的训练状态中。苦心人，天不负。在持续的刻苦训练下，我们终于在广东省选拔赛中突出重围，成功地进入了全国选拔赛。

二、重整旗鼓，卷土重来

由于训练方法过于单一，一味地追求速度，忽略了质量，在第43届世界技能大赛全国选拔赛的“二进一”比赛中，我们遗憾落选，未能作为选手代表我国参赛。长年累月的艰苦训练眼看就要功亏一篑，我和搭档受到了很大打击，一度想要放弃比赛。

“放弃”15笔，“坚持”16笔，“放弃”和“坚持”只有一笔之差。经过学校领导、教练和家人的耐心劝导，在他们理解和支持下，我和搭档决定再给自己一次机会。与其战胜敌人一万次，不如再战胜自己一次！面对早已成为生活一部分的训练，我们毅然选择了卧薪尝胆，从零开始。智慧出于勤奋，天才在于积累，我们迅速调整状态，重整旗鼓，以“质量第一，速度第二”为训练策略，在每次训练中做到刻苦钻研、精益求精。最终，再一次从广东省选拔赛出发的我们，成功突围并进入了全国选拔赛。紧接着，在第44届世界技能大赛全国选拔赛的“六进三”“三进二”“二进一”淘汰赛中，我们始终以第一名的成绩稳拿世界技能大赛入场券。质量之魂，存于匠心。我想，和不断进步的选拔过程一样，中国的发展进步离不开崇尚勤奋钻研、专注执着的工匠精神。

三、携望出征，载誉而归

英国诗人拜伦说过：“无论头上是怎样的天空，我准备承受任何风暴。”秉持为国争光的愿望，比赛中我和搭档以稳为主，小心

提防着各种问题的发生。

到了最后的评分阶段，我们胸有成竹地等待评分专家的到来。然而，在按下启动按钮后，整套系统居然纹丝不动，有一瞬间我的脑袋一片空白，幸好多年来的扎实训练使我们临危不乱，我们迅速关掉电源重启机器，有惊无险的是，系统正常运行了，头顶的“风暴”瞬间烟消云散。

长风破浪会有时，直挂云帆济沧海！最终，历时 4 天，累计比赛时间 18 个小时，我们提前完成了所有任务，并以毫厘分差摘得了梦寐以求的桂冠，载誉而归！

山涧里的泉水经过一路曲折，才唱出一支美妙的歌；陡壁上的瀑布跨过重重险峻，才显得格外雄伟壮观；石缝中的小草冲破瘠土，才有了点缀春天的价值。无论是训练还是比赛，“坚持”都比“放弃”多一“笔”！把握这一“笔”，人生才会有不一样的色彩。作为一名人民教师，我将在未来的日子里继续发扬敬业、精益、专注、创新的工匠精神，不轻易言败，争取为祖国培养出新一代更加有实力、有底气的高技能人才。希望他们能够继往开来，代表中国与全球优秀技能人才竞争，展示“中国制造 2025”的实力！愿天下有志者，事竟成！

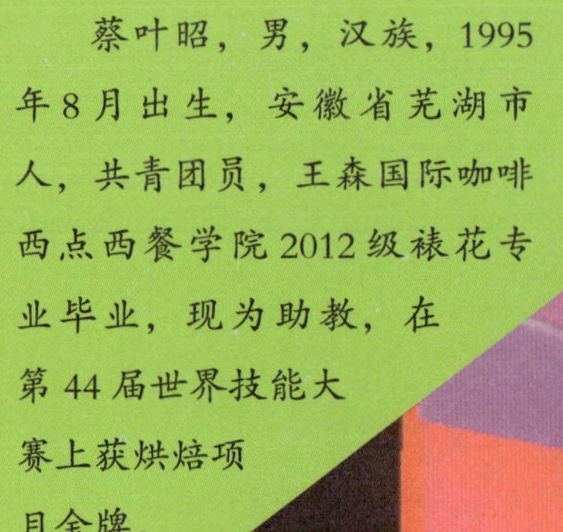

蔡叶昭，男，汉族，1995年8月出生，安徽省芜湖市人，共青团员，王森国际咖啡西点西餐学院2012级裱花专业毕业，现为助教，在第44届世界技能大赛上获烘焙项目金牌。

蔡叶昭

第44届世界技能大赛烘焙项目金牌获得者

与众不同的面包：爱是最好的改良剂

我叫蔡叶昭，曾经是王森国际咖啡西点西餐学院的一名普通学生，目前是学院的一名助教老师。在祖国和母校的辛勤培养下，我在阿布扎比第 44 届世界技能大赛烘焙项目比赛中获得了金牌。今天，能够站在这里向大家汇报，我感到非常荣幸。两年前，我还是一个懵懂的学生，在学院众多在校生中，可以说是平凡得不能再平凡了，那时候的我每天都重复着同样的生活，世界技能大赛对我而言还比较遥远。但是现在，因为世界技能大赛，我的人生已经发生了巨大变化。

站在这里，回想世界技能大赛，首先我要感谢所有帮助和支持我的人，让我有这样宝贵的机会能够加入世界技能大赛的大家庭，并有幸代表中国参加第 44 届世界技能大赛，和来自世界各地的年轻烘焙师切磋较量，并最终赢得这一枚金牌。我知道，获得这枚金牌绝对不是我一个人的力量，而是团队所有人共同努力的结果。

原本我进入学校学习仅仅是为了掌握一门技术，未来可以找到一份安稳的工作来维持生活，然而世界技能大赛彻底改变了我的想法，也改变了我的人生轨迹。在此之前，我虽然略有一技之长，但并未真正体会到技能带给我的乐趣，生活平淡，缺少激情和梦想。但从 2016 年我踏上世界技能大赛的征途开始，工匠精神成了伴随我日夜训练的关键词，让我有了梦想，有了追求的目标。

世界技能大赛集训让我在短时间内了解到大量的烘焙信息，接触了很多国内外大师、书籍、设备和各类原材料，这是我从前不敢想象的。如果按照以往的学习、工作节奏，要了解这些我可能需要花上好几年的时间。同时，专家、教练团队以及在一起训练、比拼过的每一位队员，他们的关心和鼓励一直推动着我前进、不断突破自我。遇到这么一群可爱可敬、亦师亦友的伙伴也是我莫大的福分。

从入选烘焙项目国家队，到每一阶段的选拔赛，我都不折不扣地按照教练老师们给我制订的训练计划反复练习。四百多天不间断的训练，每天面对的都是面粉、水、搅拌、整形、发酵、烘烤，虽然单调枯燥到麻木，但是我始终记得专家和教练对我说过的一句话，“每一个面包都是有生命的，要用心去对待”。我也渐渐悟出了一些生活的哲理。在我给这些面包醒发、整形的同时，它们也塑造了我的性格，磨砺了我的心性。当我真正爱上面包之后，我在厨房里度过的每一天都是快乐的。回想我从比赛到现在走过的每一步，那些熬夜训练的晚上已成为我年轻生命中最美好的回忆。每一场比赛都被汗水浸透，一路上收获的点点滴滴也终于结出了累累果实，所有的付出都那么值得。让我难以忘怀的还有国家队的伙伴们，虽然在选拔赛的时候大家是竞争对手，但是在日常训练中彼此都是对方最好的队友，我们相互鼓励，相互提醒，相互发现问题，一起努力改善。世界技能大赛让我收获的不仅仅是技能的提高，还让我有机会同一群积极向上的好伙伴同行，这一份友谊会永远铭刻在我心里，激励我不懈努力。

一名优秀的烘焙师应该具备相应素质和大量的专业知识，并能够生产不同种类的面包、糕点。比如，烘焙师要能利用各种谷物制作不同风味的烘焙产品，能运用不同的原材料、发酵方法以及工艺制作甜食或者咸食，如小麦面包、黑麦面包、艺术面包、法式面包、起酥点心、三明治、咸派等；还要能够熟练运用专业技术与工艺开发创造不同系列的烘焙产品，其中细节方面尤其考验烘焙师的艺术才能与工匠技巧。专业的烘焙师还会根据顾客的要求全面考虑材料质量、健康、安全需求等因素，以高水平的卫生安全要求工作。所以，要成为一名合格甚至优秀的烘焙师绝不是一件简单的事

情，除了踏实学习、苦练技能之外没有任何捷径。进入国家队后，我经历了三个阶段的集训，全国选拔赛、中国国际技能大赛和澳大利亚全球技能挑战赛，期间有澳大利亚的烘焙项目副首席专家和选手来华指导交流，我的母校、牵头基地也为我请来多名来自法国、美国、日本的国际烘焙大师。集训过程中我对面包烘焙的认识一步步地加深，伴随着知识的增长和技能的提升，我也更加热爱烘焙师这个职业，坚信自己现在的努力和未来的工作能够为人们的生活带来变化。

当然，期间我也经历了一些突发情况和坎坷。例如，在第二阶段选拔赛时，由于陌生环境带来的不适，我在一个最擅长的模块发挥失常，这让我非常沮丧，但是专家和教练及时帮我分析原因，找出问题所在，让我掌握了面对环境变化调整手法的技巧；澳大利亚全球技能挑战赛也是如此，同样需要我迅速去适应从来都没有尝试过的面粉，而面粉的特性对整体的制作来说又是那么重要，我当时的精神压力非常大。过程虽然曲折，但这些经历让我的意志得到了很好的磨炼，有了这些经验教训，我才能够更好地发现问题，做有针对性的改善，提高自己的应变能力。

这一届阿布扎比世界技能大赛的技术文件中，第一个模块就是根据客户指令设计并制作一款面包，对我来说，这是一个不小的挑战，我的基本功将在这个模块中受到严苛的考验。在冲刺训练期间，专家和教练团队帮我制订了很多可能性方案，周围的所有人也都愿意做“小白鼠”来品尝我的面包并给出中肯的意见，这让我有了足够的信心去完成这个模块。第一天的比赛我发挥正常，结束之后，我能够明显感受到其他参赛队的专家和选手对我的关注度一下子提高了不少，我猜测因为中国是第一次参加烘焙项目，他们或许是对我呈现的作品感到有些惊讶。每天开始竞赛要进入工位之前我都会紧张得语无伦次、浑身冒汗，但是一旦开始工作，我就会像进入无人之境一般忘掉一切，心里只有一个念头：要做好今天的面包。竞赛第三天是强度和难度最大的一天，不仅要在短短的三个半小时以内完成几十个不同种类和款式的面包制作，还要完成一个高达 85 厘米的艺术面包造型，由于第一天和第二天我的工位地板不平导致搅拌机无法正常工作，所以我的制作进度相比日常训练时要慢。艺术面包造型按照技术文件的要求，不仅要在第三天做完，而且需要保留到第四天用于三明治的展示，这也就意味着任何一个细节都不能够有疏漏，而我的造型设计 80% 以上采用了手工制作，需要用上百个配件才能组装完成，当时我真的担心无法完成规定的模块。最终在规定时间内完成所有的组装并将造型端出工位时，我得到了周围所有人的拥抱和鼓励，那种成就感和满足感让我终生难忘。

面包本身是一个舶来品，如何将其制作出纯正的口感和造型并得到欧洲人的认可，对于我们亚洲人来说非常不容易。但我一直都不是一个人在奋战，为了让一款黑麦面包的风味达到最佳状态，专家组组长、我的恩师王森老师陪伴我整整一个星期；翻译夏洁妮老师为了能够更好地在比赛现场为我提供帮助，每天都守在训练教室，细心了解我的每一款产品和制作流程；备选选手、我的好伙伴龚鑫帮我带饭、找工具、打印图纸……凡此种种，团队的支持让我全身心地投入到备战训练当中。

世界技能大赛严格的选拔、集训、备赛、参赛机制极大地开阔了我的眼界与视野，让我学会了怎样去坚持，怎样去坚定不移、脚踏实地地做最好的自己，实现自己的人生价值。我把世界技能大赛比作我人生中的“高考”，它让我能通过努力学习证明自己，实现梦想，它给予了我无限的信心和勇气。作为一名“90 后”，我非常荣幸自己能有这样一段美好的人生经历。可以说，这段经历塑造了一个全新的我，开启了我的崭新人生，当时的点点滴滴至今让我充满力量。

最终，我获得了金牌，为祖国赢得了荣誉。当五星红旗在世界技能大赛的赛场上飘扬，国歌在赛场上奏响时，我内心激动得无以言表，我一遍又一遍地大喊：“中国！中国！”那是我人生中最深刻、最幸福的记忆。

比赛结束回到国内，我获得人力资源社会保障部的30万元奖励，还得到了国务院总理李克强的会见，这对我来说是人生中最高的荣誉。回到江苏之后，江苏省召开表彰大会，重奖50万元，为我记一等功，授予副高级职称；我所在的王森国际咖啡西点西餐学院也给予我50万元现金的奖励。

各位老师、亲爱的同学们，回首两年来的奋斗历程，我参加了世界技能的巅峰对决，它让我历练了自己，实现了梦想，更让我明确了今后努力的方向，坚定了继续前进的信心，它已成为我人生中不可分割的一部分。但我也深知自己距离大国工匠的水准还很远，成绩已经成为过去，未来的路还很长。

“雄关漫道真如铁，而今迈步从头越”。在今后的学习、工作中，我将牢记国务院总理李克强在会见世界技能大赛中国选手时的嘱托和要求，谦虚谨慎、继续学习，努力做大国工匠，把在世界技能大赛上取得的成功经验融入日常学习、工作中，为国家在第45届世界技能大赛上再创佳绩，为弘扬工匠精神，为实现技能强国梦，贡献自己的一份力量！

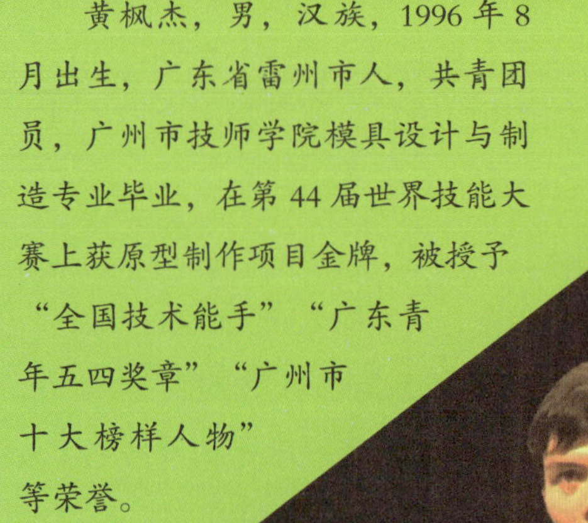

黄枫杰，男，汉族，1996 年 8 月出生，广东省雷州市人，共青团员，广州市技师学院模具设计与制造专业毕业，在第 44 届世界技能大赛上获原型制作项目金牌，被授予“全国技术能手”“广东青年五四奖章”“广州市十大榜样人物”等荣誉。

黄枫杰

第 44 届世界技能大赛原型制作项目金牌获得者

梦想，让青春“自带流量”

我是广州市技师学院的黄枫杰，今天非常荣幸能作为人力资源社会保障部世界技能大赛先进事迹巡回报告团成员，在这里与大家分享我的经历、我的梦想、我的世界技能大赛之旅，以及我的所获、所感、所悟。

与大家分享之前，我特别想说一说在我脑海里挥之不去、现在想起仍激动和感动的两个画面。

第一个画面是当地时间 2017 年 10 月 19 日晚，在阿布扎比。这一天，第 44 届世界技能大赛落下帷幕，举行盛大的颁奖仪式，当主持人用英文报出喜讯“原型制作项目金牌得主——中国选手黄枫杰”时，我霎时懵住了，以为是幻听，盯着大屏幕看了又看，确认无误后，我用双手将披在身上的国旗撑开，跃上最高领奖台，不住地呐喊，不停地挥舞着国旗……在那一刻，国家荣誉、中国力量、中国梦瞬间激荡胸中，难以平复。

第二个画面是 2017 年 11 月 21 日，在中南海。这一天，国务院总理李克强亲切会见了在第 44 届世界技能大赛上取得优异成绩的中国选手。合影时，总理和蔼亲切地与部分选手握手，我是其中幸运的一个。握手时的激动尤为强烈，总理的期望更是让我倍感青春不可辜负、使命不可推卸。

曾经，这样的画面对于一个从偏于一隅的粤西小山村走出来的孩子来说，即便脑洞大开也不敢想象。但是，因为世界技能大赛，这一切都变为了现实，我也开启了自己崭新的人生。由此，我庆幸自己的选择，庆幸自己的所遇，庆幸自己的心怀和坚持的梦想。梦想之于我，从来都不是人云亦云、虚无缥缈的誓言，而是接地气的前行力量。梦想之于青春，是“自带流量”的魅力存在。梦想，让我勇敢地走出山村，让我骄傲地选择技工院校，让我坚定信念、不畏艰辛，让我目标笃定、变得更好，让我拥有更多的获得感和尊重。

2017 年，我非常荣幸地代表中国参加了在阿布扎比举行的第 44 届世界技能大赛原型制作项目的角逐，并一举夺得了金牌。回想自己为之奋斗的两年多时光，回忆全国选拔赛、国家队集训以及决赛的点点滴滴，我一直感慨颇深，更加体会到这枚金牌倾注了太多人的心血，承载了太多人的厚望，凝聚了团队多年来的力量和执着不懈的追求。

我先为大家介绍一下原型制作项目是个什么样的项目。原型制作项目就是把设计师设计的产品变成现实的一个项目，我们需要用到现在比较前沿的数控加工技术、3D 打印技术和计算机三维建模，也会用到传统的普通车床、普通铣床、钻床，还有原始的手工制作，铲、刨、磨、喷漆上色等技术。

下面，结合世界技能大赛的角逐经历，我想谈一谈梦想实现的经历和感悟。

一、树立目标，坚定信念

第 44 届世界技能大赛是我国在原型制作项目上的首次参赛，该项目覆盖的工种多，使用设备种类繁杂，相对于其他项目，原型制作项目选手需要掌握的技术难度要大得多，涉及 8 个工种。因为在国内没有原型制作项目的技术和世界技能大赛经验可借鉴，所以我们在集训期间非常辛苦，一边学习新的技术，一边摸索手工制作的手法和工具的用法。一开始没有专门的集训基地，我们集中培训的同学们要在两个校区之间来回跑，在这个过程中，很多和我同期进入集训的同学都没能坚持下来，人数从开始的十几个人减少到只剩 4 个人。

记得2016年1月的时候，那是广州几十年来第一次下雪，天气非常寒冷。因为原型制作项目属于制造类项目，在集训过程中是不允许戴手套的，所以那时候我的手也是第一次被冻肿了，而且皮肤多处开裂，但我忍着痛坚持训练。当时，我没有过多的考虑和担忧，只是想着既然选择了这条路，决定了这个目标，那么不管怎样都得拼下去。常言道：无奋斗，不青春。我很希望自己的青春能够出彩，希望自己的人生有一个好的开端。

二、不怕失败，磨炼意志

2016年6月我参加了广东省选拔赛。在之前的集训中，每次测评我的成绩都是排名第一，省赛教练对我的期望也很高，我觉得自己应该会稳拿第一，晋级广东省集训队。但最后我的成绩却只位列第四，将将晋级省集训队，我十分懊恼。对我来说，这样的成绩很不理想，我的心里也出现了一点小阴影。赛后，教练团队给我做了分析，我自己也反省了一番——细节是关键。在这次比赛中，我在细节处理上的严谨性、精准度、完整性做得并不尽如人意。为此，我在省集训队时有意识地磨炼自己细心的习惯，并在心里给自己鼓劲儿：要把在省赛中丢掉的第一名拿回来，而且要保持第一名！

也是从这时开始，我自觉进入了魔鬼训练，把教练安排的任务做完后，经常多加0.5倍任务量给自己，特别是全国选拔赛前两周，我把两套24小时完成的题目压缩成了三天来完成，有时会熬夜到两三点才回宿舍休息。有句话说得很对："失败并不可怕，可怕的是你失去了面对失败的勇气。人不怕痛苦，就怕丢掉坚强；人不怕磨难，就怕放弃希望。"就这样，经过自己长时间的刻苦训练，在全国选拔赛中，我拿回了第一名，在国家集训队几轮淘汰赛中也是一路第一。

三、虚心好学，勤学苦练

我有一点体会：在走这条路的过程中，你可能会获得许多成就和荣誉，但关键是要守住初心。不知道同学们有没有看过《云中行走》这部电影，如同这部电影所说的，走钢丝的人最容易摔下来的位置是哪里？不是开始走时，也不是走的过程中，而是差几步就要到达终点的时候，这时若不能守住本心稳定前进，就会摔下来，一切前功尽弃。这里有一个例子，2017 年 9 月的中日交流赛，日本选手来自企业，他的每一次操作、每一个动作、每一套程序，都是严谨有序、沉稳冷静，即使中间有失误，也很难从他的面部表情、技术动作上看出一丝丝的不安，而且他的动作习惯是极其高标准的，比如工具使用后放回原位、操作结束后保持整洁等，这使得他在操作中不会因为不好的习惯而导致失误。

在后面的集训中我的教练也是以这种高标准来要求我，我也经常因为整洁度不够被教训。一开始我是比较排斥的，也因为这些事情和教练顶过嘴，觉得把卫生搞这么干净太浪费时间了。事实证明，一切都不是无用功，我非常感谢教练的良苦用心。在阿布扎比的比赛中，选手使用机床后务必保持清洁，裁判会用手指划过，只要稍微有一点粉尘，就会被扣分。而我因为平时就已经养成了好的习惯，整场比赛下来，我是为数不多的在安全健康、卫生等方面不被扣分的选手。

同时，由于此次是我国第一次参加原型制作项目，学校为了让我提高技能水平，积累竞赛经验，熟悉世界技能大赛规则，组织了与港台地区的交流赛、中巴交流赛和中日交流赛，以及世界技能大赛原型制作项目专家广州研讨会等。特别是中日交流赛，让我彻底地了解了世界技能大赛的竞赛规则和行为规范。

四、克服困难，勇往直前

在赛前，教练团队用心良苦地为我设计了障碍训练。第 44 届世界技能大赛的一大特点是变数大。比赛中，有许多预想不到的变化、规则和要求，与训练中的设想完全不同，这就要考验选手实际解决问题的能力。在出征阿布扎比前的一次集训中，教练们巧妙地给我布下“陷阱”，在使用机床之前把刻度调错位，我在使用时发现做出来的东西竟然是斜的。在纳闷之际，我才发现机床刻度没有调准，当场就跟教练诉苦：“你们为什么要这样做？能不能让我好好地把任务完成？”我的教练赵晓霞老师当时跟我说过一句话，我印象非常深刻。她告诉我：“团队会倾尽全力为你保驾护航，但比赛就像上战场，离开了保护区和安全区，各种状况就是你的敌人，你得靠自己过硬的技术和良好的心理素质，以及观察、把握细节的习惯，去解决突发状况。”这一课给我敲了一记警钟，让我铭记于心，也让我在比赛前学会应对困难，学会如何解决问题。

阿布扎比的比赛可谓险象丛生，如比赛使用材料与训练使用材料完全不同、机床使用规则的改变等，这些对选手来说都是极大的挑战。但因为有了前面的障碍训练，在面对挑战时，我变得淡定从容，能够很好地扬长避短。也是这种高压、高强度的训练，让我在世界技能大赛上更加轻松地发挥了自身的实力。

五、时刻不忘，心怀感恩

我们为国家争得了荣誉，国家也给予我们很多的奖励和荣誉。截至目前，国家、省、市、学校给予我的奖励已达 140 万元，而且是税后。我也因为夺得世界技能大赛金牌而被评为“全国技术能手”，晋升为高级技师，还被评为“广州市十大榜样人物”“广州市杰出青年”“广州城市精神杰出人物”，被授予“广东青年五四奖章”，被推荐为共青团十八大代表、共青团广东省第十四届委员会委员（候补委员）候选人。我的人生在短短几年时间里，发生了预想不到的巨大的变化。

回首两年来的经历，我最想说的就是感谢、感恩，这块金牌的背后承载着太多人的付出。有各级领导和老师的关心、鼓舞与指导，让我感受到“技能成就梦想”不是一句空话；有学校提供的训练条件和服务保障，让我以最快的时间学到前沿的技术，拥有“亮剑”的本领；有教练团队、竞赛团队的每位老师的信任、鞭策与教导，让我更加懂得技行天下需要秉持工匠精神。

成绩和荣誉已经成为过去，它更多的是激励我们坚持“技能成就出彩人生”的信念，坚持“勇攀技能高峰”的决心。我现在是广州市技师学院的一名教师，我将在自己的岗位上，把我学到和掌握的技能，以及我受到的关心和关怀，同样去教育和关怀我的学生们，和大家一起在技能成才之路上踏实走下去，用自己的努力阐释工匠精神，践行技能梦想！

我相信，越来越多的年轻人会明白这样一个道理：三百六十行，行行出状元。任何岗位都能成才，只要学会并精通一门乃至多门技术，我们的职业生涯同样能越走越宽广。我也相信，在当下和未来，我们国家将会涌现出更多的“我”，和我一样共同为传承和发展中国技能、为建设社会主义工业强国贡献力量！

崔兆举，男，汉族，1998年1月出生，安徽省宿州市砀山县人，浙江建设技师学院2014级学生，在第44届世界技能大赛上获瓷砖贴面项目金牌，2017年11月被授予学院最高奖“技能雄鹰奖”。

崔兆举

第44届世界技能大赛瓷砖贴面项目金牌获得者

在奋斗中实现报效祖国的梦想

我是浙江建设技师学院 2014 级工程管理专业学生崔兆举，很荣幸在这里与大家分享我参加第 44 届世界技能大赛，获得瓷砖贴面项目金牌的收获和体会。

2014 年初中毕业后，16 岁的我直接报考了浙江建设技师学院学习建筑，从安徽省砀山县来到这所有着 40 年办学历史，培养出很多建筑工匠的学院。当时我的想法很简单，只想学好一门技术，将来盖出漂亮的房子，实现我儿时的梦想。

如果说当初报考浙江建设技师学院是我对就业方向的懵懂选择，那么 2015 年 5 月，通过考核入选学院的世界技能大赛瓷砖贴面项目集训队，则是我职业人生的一个重要转折。在那里，我知道了世界技能大赛是展示青年人技能、促进青年劳动者职业技能提升的舞台。那一年我 17 岁，是我坚定信念、立志努力学习技能、向着世界技能大赛发起冲锋、为祖国赢得荣誉、实现新的梦想的第一年。

技能训练是艰苦的，全国选拔赛前的七八月份是杭州最热的时候，气温在 38℃以上，室外地表温度接近 50℃。为了掌握胶泥在不同温度下的性能，我们经常在室外进行训练，胳膊上的皮肤一天一个颜色，身上也起了很多痱子，通常一两个小时训练下来，衣服都能拧出水来。为了能在全国选拔赛上取得好成绩，我每天比队友多训练两三个小时，中午从来没有休息过，累了就躺在自己贴好的地砖上休息一会儿；中饭、晚饭都是匆匆忙忙的，有时候真的都不知道饭菜是什么味道。刚开始训练时我体重有 160 多斤，因为太胖蹲不下来，就一直跪着操作，通常一天要连续跪两三个小时，膝盖

上磨出了一层茧。训练中，由于放样和镶贴瓷砖时经常要弯着腰，导致我腰部肌肉发炎，疼痛难忍，家人为我身体考虑，劝我放弃训练，可是我咬牙坚持，做完针灸治疗后继续训练。

我不是一个很有天分的人，学院集训队选拔的时候，我差点儿落选；后来的多次考核，我的成绩也不是很理想；每一次的训练我都要花费比别人更多的时间才能取得一点点进步。我曾经也困惑过，发过脾气，但是我从来没有想到过放弃，我知道技能的学习和训练注定是一条枯燥、艰辛和寂寞的道路。古人云，“积跬步以至千里”，不管有多么困难，唯有坚持前行，才有可能实现自己的目标和梦想。

在 2016 年 9 月的全国选拔赛上，我以第二名的成绩入选国家集训队。在那里，我接受了更为严格的训练。技能大赛中瓷砖贴面项目的评分标准非常严格，它分为主观分和客观分，客观分包括对平整度、垂直、水平、尺寸和阴阳角方正的测量，其中任何一项误差到达一毫米就要扣分。为了在任何情况下都能保证精度，达到世界技能大赛的标准，专家教练团队有意加大训练的难度，缩短训练时间，提高标准。在训练中，我为自己设置了“零误差”的标准，如平整度的测量就是将一根铝合金杆子贴在瓷砖平面上，以中间不透光、同时一张 A4 纸不能插进去为标准。为了实现这个目标，我在专家和教练的指导下进行了无数次的训练。

技能训练不是简单的反复过程，要善于思考和总结，才能有所提高。每一次训练前，我都会对整个作品的施工工序进行设计，计划每一道工序的施工方法和时间，确定质量目标。在训练结束后，将实际施工的时间、质量与施工前规划的目标进行仔细的对比，对于与规划目标有差距的工序，结合建筑施工质量分析中的“人、机、料、法、环”等几个因素进行分析，查找原因并找出解决办法，同时在下一次的训练中加以改进。正是这种精益求精、一丝不苟的工作态度，使得我的每一次训练都有进步和收获，在提升技术的同时，也积累了解决问题的经验。

正是专家教练的高标准、严要求，让我在技术、心理稳定性和体能上进步很快，在集训队“十进五”“五进二”“二进一”的选拔中，我均以第一名的成绩晋级，最终代表国家奔赴阿布扎比参加第44届世界技能大赛瓷砖贴面项目的比赛，我离我的梦想越来越近了。

2017年10月15日，第44届世界技能大赛正式开赛，一早起床，我和平时训练时的每个清晨一样，先听了一遍《义勇军进行曲》，在雄壮的国歌旋律中，我默默地对自己说：“为祖国而战，为荣誉而战，加油！”

第44届世界技能大赛瓷砖贴面项目共有26个国家和地区的选手参加，比赛作品共有3个模块，时间为22个小时，需要在3天半的时间内完成，考验选手在瓷砖放样、切割、镶贴、抹缝等方面的技能水平，这不仅是技艺的比拼，也是体能和心理的考验。大赛第一天，我以平常心态步入场地，虽然A面3D模块的砌块需要用手锯出形状，与我在平时训练时采用机器切割的工艺和方法有很大的不同，但我并没有慌张，顺利完成了3D模块的切割，但在时间上比计划延迟了40分钟。

晚上我回到宾馆，根据平时训练时的习惯，用CAD绘制第二天下午要切割的B面图纸，发现图纸尺寸存在较大的问题：B模块是阿拉伯联合酋长国的国徽，图案由很多圆弧构成，而根据图纸中给出的尺寸，圆弧与圆弧根本无法完全相接。我完全没有想到在这么高规格的大赛中，会出现这种情况，当时感到非常焦虑。在向翻译岳老师反映了情况后，与专家和教练确定了新的方案。当晚，我辗转反侧，为了能代表国家征战阿布扎比，我坚持30个月刻苦训练的过程历历在目；想到专家、教练、翻译的精心指导和日夜陪伴，想起他们在训练中对我的鼓励和期盼；想起在出征前人力资源

社会保障部组织的参赛行前动员大会上，领导对我们的殷切期望，我的心情慢慢平静了下来。第二天凌晨 4 点多我就起来了，重新整理了工序，确定了各个工序的时间点，设计了应急方案，虽然几乎一夜无眠，但是我丝毫没有感到困倦，浑身充满了干劲。

第二天比赛按时开赛，首席专家要求选手自行解决图纸问题，由于我提前做好了应对措施，情绪平稳地施工，不但高质量地完成 B 面墙的切割，还将第一天延误的时间追回了 30 分钟。在随后第三天和第四天关键的比赛中，我思路清晰，完全发挥出平时训练时的水平，提前 20 多分钟完成了全部作品的施工，是该项目 26 个选手中唯一一个提前完成作品的选手，做出了我训练以来最好的作品。当结束的哨声响起，赛场上响起了欢呼声和掌声，看到赛场内外翻译和教练激动的表情，我知道，无论结果如何，我都已经超越了自己，取得了成功。

身披五星红旗登上最高领奖台的那一刻，我的心情无比激动。作为新时代的青年，我通过奋斗登上了技能之巅，实现了报效祖国的梦想，践行了为国增光、为党的十九大献礼的誓言。

取得世界技能大赛金牌后，祖国和人民给予我很高的荣誉。但是我知道，这枚沉甸甸的金牌不是属于我个人的，它属于这个伟大的时代，属于我们伟大的祖国。技能训练的过程是艰苦的，夺金的道路是坎坷的，但我是幸运的。从省选拔赛、全国选拔赛到“国手”的选拔，再到最终问鼎世界技能大赛，我得到了各级领导的关怀，瓷砖贴面项目国家专家、教练、翻译老师的精心指导和无私帮助，以及来自母校领导、老师的嘱托，这些都让我深深地感受到团队力量的强大和温暖。

2017 年 11 月 21 日，人力资源社会保障部专门召开了盛大的表彰大会，我作为第 44 届世界技能大赛国家代表团的一员，受到国务院总理李克强的亲切会见，总理鼓励我们：推动中国制造和服务迈上中高端、实现经济高质量发展，新一代青年技能人才肩负不可替代的使命。总理的教诲，让我倍受鼓舞。同时，我也给自己确定了新的奋斗目标。

金牌的获得，只是给比赛画了一个圆满的句号。但是，世界技能大赛的这段经历对我的影响是巨大和深远的：它让我深刻地体会到习近平主席所说的“幸福都是奋斗出来的”；我品尝到了成功的喜悦和幸福，也明白了任何成功都必须付出努力和汗水。

世界技能大赛短短几天的经历，让我见识了世界先进国家的技术水平，我深知自己距离大国工匠还很远，成绩已经成为过去，未来的路还有很长。今后，我一定要谦虚谨慎，继续学习，把世界技能大赛成果转化为实际工作，与更多青年一起，在技能成才的道路上继续前行，创造属于自己的精彩人生，在奋斗中实现报效祖国的梦想。

袁强，男，汉族，1997 年 3 月出生，山东省潍坊市人，共青团员，山东工业技师学院 2015 级工业机器人应用与维护专业学生，在第 44 届世界技能大赛上获工业控制项目金牌；被授予“全国技术能手”称号，被评为首届山东省青年技能形象大使、“山东省技术能手”、山东省“齐鲁首席技师”，被山东省政府记个人一等功，2018 年获得“劲牌阳光奖学金”特别奖。

袁 强

第 44 届世界技能大赛工业控制项目金牌获得者

奋斗，成就无悔的青春

我是山东工业技师学院的学生袁强，非常荣幸也十分激动能在这里与大家分享我的成长感受。

2017 年 10 月，在我们技能青年群体中有一件大事，那就是在阿布扎比举行的第 44 届世界技能大赛。而我，作为一名参赛选手，亲身经历了比赛的全过程。现在回想起来，我仍然心潮澎湃，激动不已。因为在这一届世界技能大赛上，中国代表团一举斩获了 15 金 7 银 8 铜和 12 个优胜奖的历史最好成绩，金牌数、奖牌数、团体总分均位列第一，向世界展示了中国技能青年的青春风采，践行了出征前“为祖国争光、为党的十九大献礼”的誓言。

在这次比赛中，我克服时差、发错试卷等诸多困难，沉着应战，最终不负国家和亲人的期望，获得了工业控制项目的金牌。我身披五星红旗站在世界冠军领奖台上的那一刻，至今历历在目。作为一名技能青年，能登上世界技能的巅峰，我今生无悔！

现在想来，参加世界技能大赛，不仅让我领略到世界最先进的技能要求和标准，更让我成长、成熟，懂得关注细节，养成规范操作习惯和注重协作，让我满怀青年技能人的自信与光荣。

首先是关注细节。工业控制项目竞赛要求选手能够对不同的耗材、元器件，从各个方向和位置，用不同方法进行切割、制备、安装，并且使用不同软件编程、调试，要求选手有细致入微的观察和操作中精准细致的把握。

其次是养成规范操作习惯。世界技能大赛对每个职业的操作规范有着严格的要求，包括环境保护、场地清洁、工量具摆放、安全

规范等都是评分的内容。工业控制项目竞赛规定，切割时必须佩戴防割手套、穿长袖工作服、佩戴防护眼镜、声音大于80分贝时要佩戴耳塞或者耳罩，每个工位前面都有现场裁判和安全管理员，负责监督选手不出现任何伤害事件，每天结束之后，要对工位进行清扫整理。

最后是注重协作。大赛每个项目内容的设置都呈现出综合任务型的特点，选拔的是能够完成综合任务的选手，而非单一岗位操作者。如果只是一两项能力突出，又不注重协作，很难获得好的综合评价。

这三点，既是参加世界技能大赛让我懂得、学会的道理，也是我今后人生道路的守则。领导和老师们常讲，要做“德技双馨”的技能人才，争当大国工匠。“九层之台，起于累土”，从点滴做起，把这些好品质内化于心、外化于形，相信我们的技能之路会越走越宽广。

在梳理收获的同时，我常常思考一个问题，究竟是什么让我有机会站上了世界技能大赛的最高领奖台？往事一幕幕闪过，答案无非就是两种力量：国家的力量和奋斗的力量。

对，我从来都不是一个人在战斗，在我的背后有强大的指导团队，有国家和省、市为技能人才搭建的良好成长环境，有越来越强大的祖国。我永远忘不了，在阿布扎比的颁奖典礼上，“CHINA！”一次又一次地响起，整个赛场变成了五星红旗的海洋。站上领奖台的那一刻，我唯一能表达内心激动与喜悦的就是挥舞手中的五星红旗，高呼“中国”！真是身处国外方能深深感受到祖国的强大和强烈的爱国情怀，这就是国家的力量。如果没有国家的日益繁荣和强大，没有各级领导搭建的增长才干、开阔视野、展现能力的人生大舞台，又哪来我们获得的世界技能大赛金牌。在赛前集训阶段，人力资源社会保障部和省厅领导为我们选派了最好的专家、教练和心理辅导团队，他们一直在帮助、指导和激励我。赛前1个月，由于压力太大，训练结果经常不理想，我一度对比赛失去了信心，甚至自己躲起来偷偷地哭。教练及时发现了我的问题，专门联系世界技能大赛心理专家为我做心理疏导。在大家的帮助下，我重新振作精神，稳定心态，投入高强度的紧张训练中。我前进的每一个脚印都有他们付出的心血和汗水，他们亲人一般的陪伴是我前进的不竭动力。在此，请允许我，向给予我亲切关怀的各位领导，向始终鼓励、信任我的学校老师，以及陪我走过整个赛季并提供技术指导、心理辅导的教练们，道一句——谢谢！

另一种力量，就是奋斗。习近平总书记告诉我们，幸福都是奋斗出来的，只有奋斗的人生才是幸福的人生。对于这句话，我感受尤其深。我来自农村，曾经是一名中考落榜生，我从零起点入学，到后来一步步走向世界技能大赛最高领奖台，其间经历了许多波折和坎坷：有胜利的喜悦，也有失败的苦痛；有突破技术难点的兴奋，也有百思不得其解的失落。回想当初我参加工业控制项目校内选拔赛时，第一轮即遭淘汰，但是我没有放弃，在我努力争取下，得到了旁听、观摩训练和利用选手下脚料训练的机会，并在新一轮的比赛中成功“复活”，成为学校“种子”选手。在接下来近两年的训练中，我十分珍惜来之不易的参赛机会，抓住一切时间加强训练，每天训练时长都在 15 个小时左右，近两年时间里我总共休息不到 20 天。有一次，为了解决一个技术难题，我吃住在训练场，连续待了一周。夏天是最难熬的，由于气温将近 40℃，集训基地刚建设的时候还没有空调，只有几个吊扇，汗水浸湿了衣裤，干了之后留下的是一道道的汗渍，但是我都坚持过来了。想要做成一件别人做不到的事情，我自己的体会是：一要坚持与执着，永不放弃；二要精益求精，一丝不苟；三要耐住寂寞，专心致志；四要善于思考，勤学苦练。工业控制项目比赛总共分为 4 个模块，分 4 天共计 22 个小时完成。整个比赛过程紧张而激烈，需要集中精力做好每一个环节，因为细节决定成败。训练到最后，老师们对我每个动作的

要求都是用 0.01 秒来衡量的。幸运的是，我坚持了，我做到了，我成功了。我想和大家分享的是：奋斗者的确是幸福的，因为只有奋斗才能成就我们无悔的青春！

“青春的价值只有在自己平凡的岗位上努力奋斗、抛洒激情的时候才能得以实现，才能用激情释放出美丽的火花。”在获得世界技能大赛金牌后，我便决定毕业后留校工作，并计划在指导大赛和推动世界技能大赛成果转化方面做出贡献回报母校。现在我已经成为一名“准老师”，正带领学生准备下一届世界技能大赛选拔。我坚持大赛养成的良好作风，每天陪伴选手训练 12 个小时以上，通过现身说法，用我的严格自律与坚持不懈，毫无保留地带领同学们练习各项专业技能，将自己在大赛中的点滴经验，从技能、心理、英语、体能等各方面帮助他们锻炼提升。同时，我也希望能在大家的共同努力下，山东工业技师学院乃至全国技工院校的学生们，全部开启“学霸”模式，在学习中找到乐趣，在奋斗中实现理想。

听了我的成长经历，也许有的同学仍然对奋斗—成功—幸福的因果关系表示怀疑，那我在此把我的一个启蒙故事拿来与大家分享。故事的名字叫“毛竹”，说是在中国的最东边生长着一种竹子，名叫毛竹，那里的农民到处播种，每天精心培养，等待着种子萌芽。可即便农民几年来一直精心照顾，经过了 4 年时间，毛竹也只不过长了 3 厘米。别的地方的人看到这种情景，摇着头表示完全不能理解。他们想：花这么长时间种它做什么，浪费时间和精力。但是 5 年后，竹子以每天 30 厘米的速度生长着，只用 6 周就长到了 15 米，这里瞬间变成了郁郁葱葱的竹林。事实上，我们看到的只是竹子在地上部分的变化，并不知道在前 4 年时间里，毛竹的根在土壤里延伸了数百平方米。

我们身边也有这样的人，即便看不到成果、不为人所知，也仍然拼命努力、坚持到底的人们。也许很多人会认为他们很不幸或认为他们很傻，但他们也是在成长的，而且是在扎根，扎很深、很结实的根。等到时机成熟，他们就会登上别人遥不可及的巅峰。

也许你现在做的事情还看不到成果，但不要害怕，你并不是没有成长，而是在深扎根。我始终认为，我们现在遇到的正是一个创新发展、蓬勃向上的好时代。条条大路通罗马，高考不是人生成才的唯一道路，学好技术照样能为国家做贡献，能为中华民族伟大复兴做贡献，在中华民族新时代的伟大征程上实现技能报国！习近平总书记在党的十九大报告中对青年提出了殷切希望，他强调："青年兴则国家兴，青年强则国家强。青年一代有理想、有本领、有担当，国家就有前途，民族就有希望。……中华民族伟大复兴的中国梦终将在一代代青年的接力奋斗中变为现实。"

国家建设制造强国的伟大蓝图已经绘就，上海也已成功申办2021年第46届世界技能大赛，技能时代已经到来，技能人才的重要地位不言而喻，只要有恒心、肯努力，学技术也能成为对国家有用的人，也能为国家发展、民族复兴做出我们的一份贡献。

胡萍，女，1996年2月出生，汉族，共青团员，河南省信阳市人，北京市工贸技师学院轻工分院服装系2016级技师2班学生，在第44届世界技能大赛上获时装技术项目金牌；在校期间，每学年均被评为“三好学生”，连续三年获得学院奖学金。

胡 萍

第44届世界技能大赛时装技术项目金牌获得者

新时代成就“工匠”梦想

我是北京市工贸技师学院服装系技师班学生胡萍，很荣幸有这个机会和大家分享我参加第44届世界技能大赛获得时装技术项目比赛金牌的收获与体会。

2017年10月15日，第44届世界技能大赛在阿布扎比开幕，我穿着和国旗上五星一样颜色的队服参加开幕式，现场看到五星红旗在看台上高高飘扬时，我的心情特别激动，在内心深处高喊一声：世界技能大赛，我来了！

10月16日8点30分。战幕拉开，走进赛场，我镇定、自豪。

比赛分五个模块进行，内容包含：设计、立裁、服装制板、服装制作和手工装饰。面对每个模块中的未知元素，我都能够从容面对，因为我们的训练难度远远高于比赛难度，每个模块教练给我的训练时间也要短于比赛时间，检验标准更要高于世界技能大赛标准，丰富的训练积累使我在比赛中从容不迫、游刃有余，面对突发事件也能够沉着冷静、处变不惊。

10月18日10点30分，伴随着裁判长的哨声，历经18个小时的艰苦比赛结束了。场内、场外顿时欢呼声和掌声不断，比赛时的专注、自信、坚持、压力瞬间释放，我努力不让自己哭出来，我看见场外我的教练们兴奋激动地抱在一起。

我知道，两年的磨炼让我顺利完成了整场比赛，我有信心取得优异的成绩。

我知道，老师们的心血没有白费，今天我交上了满意的答卷。

我知道，现场的老师、教练都哭了，我的泪水忍不住夺眶而

出。这是幸福的泪水，这是激动的泪水，这是成功的泪水。

10月19日，比赛结果宣布，我以高出第二名8分的优异成绩获得了第44届世界技能大赛时装技术项目金牌！能够代表中国参赛并获得金牌，我激动的心情难以言表。两年来的日日夜夜，我的辛苦努力终究没有白费，我的付出终于得到见证！

参加世界技能大赛的历程是一个探索的过程，是付出的过程，是互助的过程，是快乐的过程，更是收获的过程。这一切对我来说都是难以忘怀的。世界技能大赛与国内的服装类比赛区别很大，涵盖服装行业多个工种的考核内容，我需要独自完成一个团队的工作任务，从设计师、制版师、工艺师到手工装饰设计师，这些岗位所有的工作内容都涵盖在这18个小时、5个模块中。我既要熟练掌握每个岗位的职业技能，还要力求做到最好，因为比赛不允许我出现"短板"，每个环节都要面面俱到才能取得最好的成绩。

时装技术项目的每个模块都包含了一个或多个未知元素，这给我带来了极大的困难，也意味着我需要准备大量的备战方案，比如，仅仅单元三、单元四的连衣裙我就需要准备72个款式，每种面料的特性，每种板型的变化，我都要熟记在心。在训练中，每位教练都对我进行了"挖坑"训练，缩短比赛时间、加大比赛难度、制造比赛意外对我来讲是"家常便饭"，正是这种"挖坑"训练让我的技术水平大幅度提升，也锻炼了我面对突发事件的心理素质和解决突发事件的能力。集训的考验和世界技能大赛的洗礼让我拥有了更加坚毅的意志、更加稳定的心态，让我拥有了处事不惊、冷静思考、迎难而上的信念，这也给了我直面人生中的每一个困难和挑战的勇气与信心。辛苦的训练让我学会了如何在比赛"意外"来临时能够临危不惧，在一次次比赛后认真地总结、思考、收获经验，让我一步步走上了世界技能大赛时装技术项目最高的领奖台。

学习服装设计是我一直以来的愿望，成为一名"工匠"是我追求的梦想。

2013 年，刚刚 17 岁的我踏进了北京市工贸技师学院，第一次走进服装系实训室笨手笨脚地使用缝纫机的那一幕让我至今难忘。从小我就是一个喜欢动手、喜欢画画的孩子，在有着 44 年历史，培养了许多知名的设计师和工艺师的服装专业学习，不仅实现了我的愿望，也让我离梦想越来越近。这是我“工匠”梦开始的地方。

2015 年，我 19 岁。我的学姐，当时刚满 20 岁的陈碧华代表中国参加第 43 届世界技能大赛时装技术项目比赛并斩获铜牌。我备受鼓舞，当时就暗下决心：一定要刻苦学习，认真训练，一定要参加这个比赛，一定要像学姐那样身披国旗站在世界技能大赛的领奖台上！

2016 年 8 月，我 20 岁。经过一年大赛班的学习和训练，我通过了北京市选拔赛，又通过全国选拔赛的层层选拔，最终成功入选世界技能大赛时装技术项目中国集训队。

集训期间，教练更加注重工艺精细度、稳定性和动作规范性的训练，更加关注我们的职业素养和行业规范的养成。我通过接受企业的实际任务进行实训锻炼，强化应变反应能力，提高产品设计水平，掌握甄别面料的技巧，熟悉调整板型的过程，锤炼工艺制作技能。集训的打磨让我增强了主动意识、沟通能力与技巧，规范了技术动作，提高了适应陌生的工作环境、工具设备、交流对象等的综合适应能力。训练过程虽然艰苦，但我每天都过得很充实。每天训练时间里，我至少有 8 个小时都是站着的，尽管很累，但是我完全不觉得烦闷枯燥。因为这是逐梦的过程，我享受这个过程。

我信心百倍，愈战愈勇。在“十进五”“五进二”“二进一”的比赛中，我都拿到了第一名的好成绩，赢得了实现“工匠”梦想最近的机会：代表中国参加第 44 届世界技能大赛时装技术项目比赛。

肩负着责任和使命，我赢得了荣誉，实现了梦想。优异成绩的取得是集体努力的结果。我要感谢各级领导的关怀，感谢家一样温暖的母校，感谢像家长一样的专家、教练和基地老师，是你们培养了我敢于为国争光的专业能力和精神品质。

我，实现了“工匠”梦想！

我，践行了“为十九大献礼、为祖国争光”的誓言！

这是一个伟大的新时代。习近平总书记在党的十九大报告中指出，要建设知识型、技能型、创新型劳动者大军，弘扬劳模精神和工匠精神，营造劳动光荣的社会风尚和精益求精的敬业风气。2017 年 11 月 21 日，我和其他在世界技能大赛上取得优异成绩的小伙伴们在中南海接受国务院总理李克强的亲切会见。他说，推动中国制造和服务迈上中高端、实现经济高质量发展，新一代青年技能人才肩负不可替代的使命。

感谢劳动光荣、技能宝贵的新时代！我不仅实现了“工匠”梦想，还要做新时代的“大国工匠”！我坚信，在这个时代，技能将成就我未来精彩的人生！

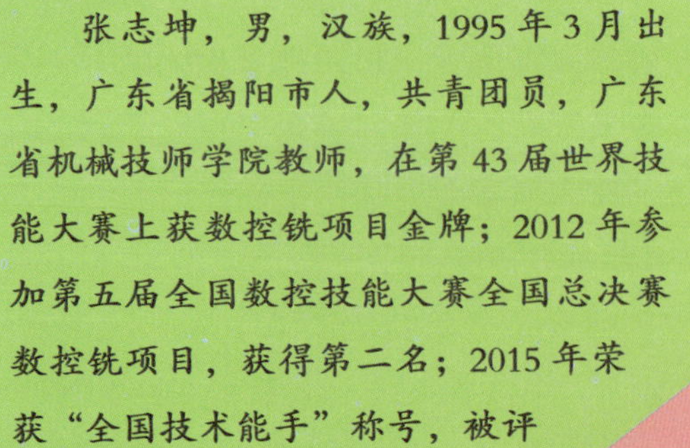

张志坤，男，汉族，1995 年 3 月出生，广东省揭阳市人，共青团员，广东省机械技师学院教师，在第 43 届世界技能大赛上获数控铣项目金牌；2012 年参加第五届全国数控技能大赛全国总决赛数控铣项目，获得第二名；2015 年荣获“全国技术能手”称号，被评为数控铣高级技师；2016 年被评为享受国务院政府特殊津贴专家。

张志坤

第 43 届世界技能大赛数控铣项目金牌获得者

技能改变人生

我是第43届世界技能大赛数控铣项目金牌获得者张志坤。

世界技能大赛是最高层级的世界性职业技能赛事，参赛的选手以22周岁以下的年轻人为主，所以这个舞台对于所有学习技能的青年来说，是实现梦想的舞台，是证明自己和实现个人价值的舞台。作为一名青年技能学习者，能够代表国家参加世界技能大赛是一件非常骄傲和荣耀的事情，因为这是一件为国争光的大事。

2010年，中国正式加入世界技能组织，2011年开始参加世界技能大赛，这项具有历史意义的举措为我国优秀技能人才走上国际舞台创造了条件，给了学习技能的年轻人一个努力的方向和目标。我为有机会走上学习技能的道路而感到幸运，更重要的是我在2015年代表国家参加了第43届世界技能大赛，并拿到金牌，实现了为国争光的誓言。对我而言，这是通过学习技能而成长蜕变的最好证明。毫不夸张地说，通过学习技能，我的人生得到了巨大的改变。

学习技能的过程是一个修行的过程。技能改变人生的关键，并不完全体现在技术技能水平的提升上，而是在整个学习过程中能领悟到新时代技能人的职业精神，也就是我们现在经常说的工匠精神，即一种认真精神、敬业精神。

人的身上有三种力量：身体力量、技能力量和精神力量。身体力量和技能力量是实现理想的资本，而精神力量犹如大海中的灯塔，时刻为我们指引成就理想的正确方向！

一、改变，从先拥有目标开始

我出生于一个农村家庭，村子不大，大约有50户人家。从小我的学习成绩就很一般，再加上理想的缺失，我在学习方面也没有做过多的努力，这样自然不可能优秀。

2006年，我的家乡开始有了网络，当然这是件非常好的事情，因为网络能给我们带来更便捷的生活，更能让我们开阔视野。但是，随即而来的网络游戏却影响了很多人，我也是其中之一。和读书相比，显然它更具吸引力，而我的成绩也在那之后变得更加糟糕。

初中毕业之后，在父母的建议下，我进入广东省机械技师学院学习数控加工技术。也许很多人会认为技能劳动只是简单的体力劳动，但实际上当你真正了解后会发现，并不是学习不好的人到了技校就能够学好，如果不努力，结果依然一样。我父母最早的想法是把我送到技校学习一门技术，将来找工作也会轻松一些。我想将孩子送到技校学习的父母应该大多是这样的初衷。一开始我也是这么想的，但这个想法缺少一个很强的目的性，它无法成为我努力学习的动力，所以即便到了技校，我的学习成绩依然不好，这种情况一直持续到第二学年，直到一条消息彻底地改变了我的学习态度，改变了我的人生轨迹。当时我们学校将要通过校内考试，选出一部分学生成立一个“竞赛班”（可以理解成“精英班”），进入这个班级的学生将有可能参加国家级的比赛——全国数控技能大赛，但前提是你必须先进入这个班级，然后经过多次淘汰赛最终留下来。

自那之后，进入竞赛班参加全国数控技能大赛就成了我的目标。为了进入竞赛班，性格极其内向的我竟然也有勇气找老师争取机会。为了能在竞赛班里留下来，我竟然在没有人安排下主动学习，第一次为了学习而早早起床，第一次学习到深夜，换作以前的我根本不可能会这样做。那我还玩游戏吗？答案是：根本没这个时间。

这是我进入技校后踏出的第一步，而这一步改变了我的整个人生，也改变了我对学习的态度，从此和竞赛结下了不解之缘。我想这应该就是拥有目标之后所带来的力量，它给予了我无比强大的动力，让我在“竞赛之路”上一往无前。

2012 年，我参加了“全国数控技能大赛”。通过参赛，我在学习上变得更加自信。2013 年，我得知参加第 42 届世界技能大赛的谢海波获得了数控铣项目的铜牌。在这之前我曾和他有过一面之缘，作为同龄人的我，内心难免悸动，暗暗觉得我也有这个能力，有一种在这个比赛中夺得金牌的憧憬，所以，参加“世界技能大赛”就成了我的又一个目标。回到学校，我继续开始我的逐梦之旅，经过不懈努力，最终，在 2015 年巴西圣保罗举办的第 43 届世界技能大赛上，成功将梦想变为了现实。

以上就是我学习技能，追逐梦想的过程。因此，要想人生有所改变，首先要先从拥有一个自己的目标开始。我想那些成功人士，以及我们技能领域的“大国工匠”们也一定是一群有理想、有目标、有追求的人。

二、学习技能的过程是一种修行的过程

我们可以看到，技能大师们都有些共同品质。他们对待工作认真负责，热爱生活，工作时能够不受外界影响，潜心钻研，不断提升自己的能力，和自己“较劲”。他们会从简单的事做起，不断重复改进，不断学习，要求自己把每一件事情做到极致。而如果一个人想学好技能，这些是必须具备的品格。

前面我提到“精神力量”决定着一个人最终能做成什么，而在技能学习的过程中，这种力量至关重要，而且我认为它比掌握技能知识的多寡更加重要，它无时无刻不影响着我，使我平静，使我坚定，伴我“修行”。

但实际上，技能学习的过程非常枯燥，很多时候需要一遍又一遍地重复再重复。技能学习没有捷径可走，在用心而不断重复试验的过程中，就能够学到更多的知识。慢慢地，我从最初对学习的抵触，到最后享受这个过程。在训练中，我们经常会遇到很多技术难题，而想要解决这些难题必须做到专注，我们会重复试验、不断地反思和改进，直到最终解决问题。这个过程既让我收获了知识，又增长了技能，更收获了快乐，使我无比满足。我认为，当你经过努力解决了一些实质性的难题，那种油然而生的成就感会让你觉得非常快乐，而始终保持这种快乐的心态，则会让学习过程事半功倍。更重要的是在这个过程中，你会领悟到很多做人做事的道理。

在这里我要感谢我的父母，把我送到技校学习，让我能够重新实现自己的人生价值；感谢我的老师在教学过程中的引导，让我学习和领悟到除技能知识以外更加宝贵的精神财富；感谢我的学校，为我提供了良好的学习平台；感谢我们的国家，为我们技能工作者提供越来越好的工作环境，我为我能够走上学习技能这条路而感到自豪!

5 年的技校学习生涯，4 年的技能竞赛经历，这些是我所能告诉大家我在这个过程中的收获。我从“混日子”到有梦想、从有梦想到拿金牌，这一路走来让我变得更加自信，对未来更加充满希望。相比于我所获得的成绩，我觉得这才是更加宝贵的东西。

正如我的报告题目：“技能改变人生！”技能真的改变了我的人生，将来你们也一定会因为走上学习技能这条路而感到自豪，请相信这一天不会太远，只要肯努力，必将触手可及!

曾正超，男，汉族，1995年12月出生，四川省攀枝花市人，中共预备党员，攀枝花技师学院焊接专业毕业，中国十九冶集团有限公司工业建设分公司职工，第42届世界技能大赛国家集训队队员，在第43届世界技能大赛上获焊接项目金牌和“国家最佳选手奖”。他获得“全国技术能手”称号，被评为四川省最年轻的“劳动模范”、全国青年岗位能手、第20届“中国青年五四奖章”、首届“四川工匠”，被评为享受国务院政府特殊津贴专家。

曾正超

第43届世界技能大赛焊接项目金牌获得者

梦想，从圣保罗起航

2015年8月，第43届世界技能大赛在巴西圣保罗举行，我代表中国代表团以焊接项目总分第一的成绩夺得该项目金牌，并被世界技能组织评为中国代表团“国家最优选手奖”。从台下到台上，看似一个小小的台阶，却是一个选手无数个日夜的历练和拼搏的结果。

一、梦想的启程

我是山里的孩子，但和所有少年一样，有一颗追梦的赤子之心。

从小，我就有一个大侠梦，幻想着有一天能“驰骋江湖”，成为“武林高手”，为此，我还买了一副双节棍，每天在家自己练习“武艺”。可在攀枝花市米易县撒莲镇这个偏远山区的家，圆不了我的“武术梦”。对我来说考大学也并不是最理想的出路，我父母的年纪大了，因此，有一门手艺，能养活自己、孝敬父母也许才是我最好的选择。我家庭经济条件不好，自己也想早点工作为父母分担家庭的重任，于是，我选择了上技工学校，学一门手艺。

因为听说攀枝花技师学院的焊接专业比较好，而且还有机会参加比赛，可以学到很多东西，所以我选择了那里的四年制高级焊接班就读。毕业后，我顺利地进入了中国十九冶集团，成为一名真正的焊接工人，并有幸被焊接教练选中，成为第42届世界技能大赛焊接项目培训班的预备队员。

从攀西裂谷到首都北京，从学一门手艺到世界技能大赛选手，我的“梦想清单”正发生着巨大的变化。2013年，凭着一股冲劲和

不俗的实力，我代表中国十九冶集团参加了第 42 届世界技能大赛全国选拔赛，并进入前 10 名。当时的我对进入北京集训队充满期待，然而，“十进五”的晋级难度超出了我的想象，各个来自全国的高手都实力不凡，让我止步于十强。

通往“国家队”的路近在咫尺，却失之交臂，这让我跌入了低谷。回到单位，我加入了“周树春焊接突击队”，并被派往孟加拉项目参与焊接施工。临走前，我的教练周树春对我说：“小伙子，这次失败并不是坏事，有差距，才有飞跃。”

“有差距，才有飞跃”，我把这句话作为重新起步的座右铭，全身心投入到孟加拉 AKG 公司电炉炼钢项目的焊接任务中。

气温高、时间长、任务重、要求高，这些“拦路虎”一直伴随着我们，特别是氧气站的不锈钢焊接任务，每天工作时间长达 12 个小时，甲方和监理对焊接质量的要求非常高。我意识到，现场实战正是磨炼技艺、缩小差距的机会和平台，我必须迎难而上，化压力为动力。

现场管道固定口的焊接，能供人活动的空间非常小，几乎没有转身的余地，因此，焊接工作变得极其困难。为了提升焊接技术的稳定性和灵活性，我努力练习左手焊接，并经常向前辈师傅请教焊接技巧。一次次钻研和努力，换来了最优的业绩，在项目第三方的 X 射线探伤检测中，我所在的“焊接突击队”完成的焊接管口全部一次性通过，无一返工。

2013 年年底，凭借在孟加拉项目中的出色表现，我再一次被企业选中，成为第 43 届世界技能大赛的集训选手。

一切又回到了起点，进军北京，成为“国家队”选手，再次列入了我的“梦想清单”。于是我又回到中国十九冶高级技工学校集训队，和队友们开始了长达一年的封闭式训练。

从一开始，整个集训就完全按照世界技能大赛的要求和规则安排和设计。这一次回归，我更沉稳了，也更加成熟了。在枯燥、强压的训练中，有时也会感到苦和累，但我没有一丝懈怠，因为，心中那个“国家队”选手的梦正逐渐清晰，越来越近。

2014 年 4 月，我获得了第 43 届世界技能大赛四川省选拔赛焊接项目一等奖，进入四川省代表队。

2014 年 6 月，我夺得了 2014 年中国技能大赛——第 43 届世界技能大赛全国选拔赛焊接项目第一名，晋级国家集训队。

2014 年 10 月，我夺得了第 43 届世界技能大赛焊接项目全国“五进二”选拔赛第一名，获得了代表中国队参加第 43 届世界技能大赛的资格。

三项第一，将我的梦想点亮。这一路，无论是高峰还是低谷，我终凭借热血与汗水，以赤子之心去迎接所有的挑战，因为我坚信，只要坚持往前走，属于你的风景一定会出现。

二、梦想的历练

焊接，可谓火焰“刺绣”，焊接者需要对焊接温度、电流和技巧等有准确的把握，作为世界技能大赛的选手，更是需要超强的稳定力、超高的手法技巧和对细节的精益求精。

2014 年 11 月，我与中国十九冶集团另一名选手杨金发进入了国家集训基地，最终将在我们两个人之中选出一位代表中国出征巴西圣保罗。我明白，要想获得飞往圣保罗的机票，必须在技艺上力求完美，更要在比拼中超越自己。

2015 年年初，国家焊接集训基地就进入了全面备战状态，教练和专家组也开启了“二选一”的评判阶段。世界技能大赛焊接项目竞赛分为组合件、压力容器、铝合金结构和不锈钢结构四个模块，焊接方法包括焊条电弧焊、实心焊丝气体保护焊、药芯焊丝气体保

护焊、钨极氩弧焊，因此，两名选手的评判标准完全依照以上项目要求进行。

每天早晨6点，起床完成体能训练后，我就开始了长达10多个小时的实操训练。刚开始，面对如此大的训练量和精神压力，以及不断变化的焊接方法，我的成绩提升并不理想。“不要怕问题多，有问题才有方向”，周树春教练的话，让我意识到必须要从细节入手，在自己的弱项求突破。于是，我放慢训练节奏，在焊接中发现自己存在的手法和技巧不足的问题。我用心体会，焊缝的厚度、焊枪的温度，甚至到每一次呼吸，我都反复练习，用手、用心、用情感去焊接每一条焊缝。

3月的北京，洋溢着初春的生机，在集训车间的我们，却无暇顾及外面的春景。最后20天的较量已经白热化，每一周都要完成4个模块的焊接，每一天都要进行探伤、评分。为了那一张飞往圣保罗的机票，为了心中那个执着的梦想，我始终以严苛的标准要求自己，以近乎完美的作品与对手过招，最终，在经过3次综合评分后，我成为焊接项目的正选选手。

还来不及喜悦，我就接到了新西兰大洋洲技能挑战赛的邀请。

作为第43届世界技能大赛的练兵之战，本次挑战赛的焊接项目完全依照世界技能大赛的标准进行。在历时3天，总时长18个小时的焊接比赛中，我对每一条焊缝都努力做到精细和完美。在16毫米板对接模块上，焊缝需要焊接6层，我对每一层的宽度、收缩余量和温度都做到准确把握。特别在对打底层和盖面层的焊接上，因为打底层在最里层，无法观察背面的成型，只能凭借在焊接时的手法和技巧来完成；而盖面层决定着焊缝的外观，我也尽量对其宽窄和高低水平都一一地精雕细琢。

新西兰大洋洲技能挑战赛焊接项目，最强劲的对手来自马来西亚，我与他在力学性实验、焊缝精度等方面的评分不相上下，但在外观上超越对手14分，最终问鼎最高奖台。这次比赛，让我受到鼓舞，再次下定决心，一定要更加努力备战“巴西圣保罗”，争取取得好成绩。

三、梦想照进现实

2015年8月，集训车间的倒计时牌已归零，我和第一批随团专家、翻译于8月4日启程，奔赴巴西圣保罗。出发前20分钟，我还在集训车间训练，教练和专家还在检测我临行前焊接的模块，这样的努力和坚持，为的就是最后一战。

近2万公里的距离，11个小时的时差，39个国家的焊接高手……这些数字，一直伴随着我从北京到圣保罗。当地时间8月6日，中国代表团踏上了这个以桑巴舞与足球闻名的国度，我内心的激动和新鲜感不言而喻，可到达赛场驻地后，随之而来的大赛气氛，还是让我感到了巨大的压力。

最后的战役将于8月12日正式打响，此时，我所有的压力开始聚集，必须争分夺秒地做好所有的准备工作，同时我反复告诫自己，一定要稳住心态，稳定沉着，稳中求胜。

赛前，我只有半天时间试用赛场设备，经过短暂的休整，我顾不上时差的影响，一心扑在了设备的试用中。结果：气保护焊枪接口与国内不同，碳钢板材质、数量和尺寸有变化，焊机电流偏大……试用中发现的问题接踵而至，要在如此短的时间内消除这些不利因素，难度超乎想象。但我没有慌乱，而是根据平时的训练，有条不紊地进行着试用和调整。

发现一个问题，就消灭一个，我把设备和材料的参数在第一时间发回北京，还未出发的周树春教练也24小时“待命”，在接到传回的数据信息后，立即进行试验，并远程指导我进行气压、电压和电流的调整匹配，以求达到最佳的数值。我也细心地检查所有

的气体接口，以防漏气，并随时检查剩余气压，调整操作平台的高度。

披坚执锐、沉着应对，将问题一一解决；平心静气、放空自己，在临赛前抛却心中的杂念……

8 月 11 日，身穿中国队队服，手握国旗的我昂扬走进了开幕式现场，沸腾的欢呼声让我热血澎湃，为这一刻，我整整奋斗了两年。

8 月 12 日，第 43 届世界技能大赛焊接项目正式开赛，来自 39 个国家的焊接高手将在此一决高下。穿上帅气的“盔甲”，我走向了决战的阵地。那一套焊接服，那一个焊接面罩，当我在赛场再次穿上它们时，感到格外厚重。开赛的口令一下，我便开始摆放工具、检查设备、清点材料……完全沉浸在自己的节奏之中。赛场上，不断闪烁的焊花衬映着紧张的气氛，我心里默念：要稳住心态、控制情绪、注重细节……

第二模块压力容器的焊接是比赛的难点，也是拉开比分的重点，面对该模块较多的焊接位置和焊接方法，我一遍遍在脑海中放映着平时训练的顺序和技巧。焊每一层焊缝都像是在“绣花”，特别是打底层，由于眼睛无法直接看到，必须要凭感觉去把握焊接的温度和熔合的情况，平时无数次的训练，使我对手工电弧焊、钨极氩弧焊等每一种焊接方法都了然于心，在操作时都力求做到精益求精，甚至连呼吸都控制着频率和力度。

每一天的比赛，焊接服里的我的汗水都是从头流到脚；每天的焊接进程，我都准确把控着时间和节奏，从外观到焊接点，我尽全力在细节上做到完美。在每天 5 个小时的比赛时间里，我都背负着超强的负荷，不仅体力消耗巨大，精力也是高度集中，有些焊接点需要长时间保持一个姿势，手不能有任何抖动，一场焊接下来，我都感觉不到手的存在了。

历时 4 天，累积长达 18 个小时的焊接项目比赛于 8 月 15 日结束，我在比赛结束前的最后一秒，都处于高度紧绷的竞赛状态。完成比赛，走出赛场后，我才长长地舒了一口气，依旧留给在场外等待的队友们一个淡定的表情。

在来自 39 个国家的 40 名裁判经过压力测试、射线探伤评判后，我获得了总分第一的成绩，站在了世界技能大赛的冠军领奖台上。

从零基础到精通电焊技术，再到登上世界舞台，我经历了日复一日的勤学苦练，与枯燥和困难做斗争简直就是家常便饭，然而繁重的任务并不可怕，可怕的是失去了奋斗的意志。青春不言败，在学习与成长的道路上，我流了许多汗、吃了很多苦、烫出了无数个疤，也曾想过放弃，也曾抱怨过焊接的难度。可每当回首这一过程时，会发现所有的付出都非常值得。且不谈提升技能、积累经验、筑牢基础等，期间遇到的各种挑战与挫折也很好地磨炼了我的性格和意志，让我做到不忘初心，坚持到底。

“追逐梦想，不是一件容易的事，能有今天的成绩，要感谢的人太多太多，没有十九冶集团领导的关心和支持，没有教练的辛勤付出，没有同事、伙伴们的鼓励，就不可能有我今天的成绩”，这是我的心里话。我是个内向、腼腆的人，平时不爱说话，但我会用实际行动和踏实的工作来回报企业、回报这一路爱我的人。

荣耀背后离不开我们整个团队的协作，特别是专家张友权与恩师周树春的悉心指导。在这个“家庭”般的团队里，我享受到朋友之谊与“家人”之情。归国后，听见许多人叫我“技能英雄”，但我不这么认为，其实我就是一名年轻的追梦人，只不过比别人多努力了一点、多坚持了一会儿、多付出了一些。金牌是个双面镜，一面照过去，一面示未来。筑梦之路依然坎坷，我将继续奋斗、披荆

斩棘、修炼青春，向世界宣告：我的梦想我做主！

2016年4月26日，我应邀参加了共青团中央组织的“知识分子、劳动模范、青年代表座谈会”，受到了习近平总书记的亲切会见，切身感受到了国家对职业教育和技能人才的高度重视。会上，习总书记勉励我们：素质是立身之基，技能是立业之本。广大劳动群众要勤于学习，学文化、学科学、学技能、学各方面知识，不断提高综合素质，练就过硬本领。要立足岗位学，向师傅学，向同事学，向书本学，向实践学。三百六十行，行行出状元。

通过参加“中国青年五四奖章”的评选，以及进入公示以来赴京参加的各项活动，我的收获非常大，接触到了更多在各个领域里的优秀青年代表，看到了他们身上自爱自信，勤奋努力，爱岗敬业，勇于创新，敢于拼搏等许多优秀的品质。同时，有幸近距离聆听了中央领导人的谆谆教诲，感受到了党和国家对青年人立足岗位创造价值的鼓励和殷切期望，感受到了国家对技术人才的重视，对大国工匠精神的重视，作为一名当代技术工人，我感到特别自豪和幸运。

获得金牌以来，我先后荣获了第20届“中国青年五四奖章”、四川省第19届“四川青年五四奖章”、四川省劳动模范荣誉、全国技术能手、全国冶金建设行业高级技能专家、全国青年岗位能手、国务院政府特殊津贴、共青团四川省委员会最年轻的委员、四川省质量奖等荣誉称号。

无论我们处于什么样的人生起点，都可以依靠脚踏实地和辛勤努力，创造属于自己的人生精彩！荣誉已成过去，作为一名技术工人，在以后的工作岗位上，我一定会勤奋工作、认真钻研、学习更多的知识，磨炼自己的技能，不断提升自身综合素质，发扬不怕苦、不怕难的精神，让青春与焊花为伴。

梁英英，女，汉族，1995年4月出生，山东省滕州市人，共青团员，重庆科技学院视觉传达人物形象设计专业2014级学生，在第44届世界技能大赛上获美容项目银牌。她于2016年9月代表重庆市参加第44届世界技能大赛美容项目全国选拔赛获得第二名，2017年6月代表中国参加中国国际技能大赛获得冠军。

梁英英

第44届世界技能大赛美容项目
银牌获得者

只要奋斗，一切皆有可能

我是第 44 届世界技能大赛美容项目银牌选手梁英英，很荣幸能够在这里跟大家分享我参加第 44 届世界技能大赛的经历。我想在座的学弟、学妹们可能通过电视和网络对世界技能大赛有一些了解，当你们看到世界技能大赛的时候是什么样的心情呢？有没有想参加的？有没有幻想是自己也能站在最高领奖台上呢？

2017 年 10 月 15 日至 19 日，在阿联酋阿布扎比举行的第 44 届世界技能大赛上，我代表中国与 29 个参赛国选手经过 4 天的较量，最终获得美容项目银牌。作为第一位代表中国参加美容项目比赛的选手，当主持人宣布“China，Yingying Liang”、当我披着五星红旗奔跑着跳上领奖台的那一刻，我才真正体会到什么叫使命光荣，责任重大！此时此刻，我可以骄傲地说，我完成了国家赋予的光荣使命！也是我在这里最想与大家分享的我参与世界技能大赛的成长经历，我的酸甜苦辣。

一、我的第一个感悟：没有目标，没有激情，就没有努力的动力和方向

没基础从零开始、训练跟不上节奏、“插班生”、被队友排斥……训练一开始，我就遇到诸多不顺。但那时候我相信只要有兴趣、有激情、勤奋努力，一定会赶超队友。就这样，为了弥补差距，我花比其他选手更多的时间训练。晚上训练完后，我将自己反锁在教室一直训练到凌晨，那时，整个教学楼黑漆漆的，校园里昏暗的路灯、空无一人，以至于我每次回寝室的路上都后脊发凉、胆战心惊。一直到训练后期，在教室“加班”到最后一个走的一定是我。学校的门卫叔叔起先会问东问西，觉着大半夜我一个人很奇怪。到后来他习以为常，用重庆话跟我说：“耶，今天又是这么晚。”为了学习美甲，害怕一个人出门的我，独自坐近两个小时的轻轨，一早出门，中午也没地方吃饭，晚上回程又是近两个小时的车程，我感觉又饿又累，但是心里很开心，感觉收获很多，感觉自己做的事很辛苦但都很有意义。由国家出资，集训基地的教练都是国内外各行业的领头人，我觉得这样的学习机会真的太难得，一心想的就是快点提升自己的技能，因此我每天都充满了热情和强烈的求知欲。

在重庆市队冲刺集训的大半年期间，我们一天都没有休息，每天 15 个小时重复枯燥的训练，重庆的天很热，加之饮食的不适应，我瘦了好多，现在回想起来都觉着挺心酸的。但那时的我根本没有把这些问题当回事，全部心思都放在训练上。就这样，我赶超了队友，代表重庆参加了第 44 届世界技能大赛美容项目全国选拔赛，美甲和美容美体都拿到了最高分，最后以 0.3 分之差位列第二，进入国家队集训。我在这段集训期间的训练成效一直呈上升趋势，也就是说从零到 60 分、到 80 分、再到 90 分，我感觉自己学到了很多东西，成长很快。这是我最有激情、最有目标、最顺利的一段集训时光。

二、我的第二个感悟：比赛是残酷的，思想松懈、行为懒散是致命的

在国家队集训前期，我感觉有点像从高中的“战斗区”到了大学的“解放区”。虽然大家都在很拼命地训练，但我可能是由于兴奋过了头，并没有全身心地投入训练，技能水平停滞不前，甚至有些倒退，以 4 分之差得了个第二名。仅仅两个月的时间，从 0.3 分到 4 分的差距。这让我深切地认识到，思想松懈是万劫之源，会导致责任感降低、标准降低，必然造成成绩下降。我想在今后漫长的人生道路上，无论在工作、学习、生活各方面都不能随意松懈，因为松懈就要落后，落后就会被淘汰。

三、我的第三个感悟：不轻言放弃，坚持到底才有希望

国家队经过层层淘汰，最后只剩下我和我的同门学姐进入“二进一”的训练。学姐一直表现稳定，保持第一，我总是因为各种小失误名列第二，自认为就是一个“备胎”“陪练”，在“二进一”集训的那几个月我也过早地放弃了自己。

还有半个月就是上海国际技能大赛了，专家看在眼里，急在心里：“梁英英，就算你是‘备胎’，也要全力以赴做个优秀的‘备胎’，优秀的‘备胎’也会受人尊敬。羽毛球世界‘千年老二’李宗伟一样备受爱戴。当‘备胎’既成就别人，更能成就自己。比赛的真正目标是学习和成长，放弃自己才是真正的输家。你变得我们都不认识了，你失去了自我，丢掉了我们最喜欢的你最宝贵的品质——单纯、善良、开朗和积极。”专家恨铁不成钢的一番话让我痛彻心扉，也让我看清了自己。

2017 年 6 月，在上海举办的中国国际技能大赛上，我把它当作自己世界技能大赛生涯的谢幕表演，没有压力，轻松自如享受这场比赛。比赛结束后，我也感觉自己算是完美谢幕了，因为这场比赛我获得了冠军。

努力拼搏了这么久，付出了这么多，谁都想代表中国出征世界技能大赛。也许是上海赛重拾了信心，在“二进一”的淘汰赛上“千年老二”的我终于“咸鱼翻身”，成为第 44 届世界技能大赛美容项目中国代表队的正选选手。现在想想当初的自己，目光短浅、行为幼稚，浪费了宝贵的训练时间，这是我到目前为止认为自己做的最愚蠢的一件事情。同时，我也亲身体验到，不轻言放弃，坚持到底才有希望。

四、我的第四个感悟：要做“不倒翁”，坚忍不拔，永不倒下

我们美容项目第一次参赛，要想实现夺牌的目标，必须做到追求卓越、精益求精。这个阶段的训练，每个环节都要做到完美无缺、无可挑剔，最难的就是从 90 分到 91 分、从 91 分到 92 分……

每一分的突破都很艰难。

越临近比赛，我越觉得自己的脑子不够用了。世界技能大赛美容项目的模块很多，零点几分组成的打分表，有太多细节要去记忆。我每天平均要训练 3 个模块，晚上还要针对当天的训练补短。上午训练 4 个小时，总结 1 个小时，吃饭时间半小时。下午又是 5 个小时其他模块的训练、总结、吃饭。痛苦的是，每次训练都会被教练挑出一大堆细节问题。看到教练本子上记下的各种错误，我开始变得不自信、烦躁，不愿意面对训练，不愿意面对专家和教练，甚至开始顶撞他们。

最严重的一次爆发，是在比赛倒计时 20 天的一个晚上，我做完一个模块，又犯了一些低级错误，专家很生气地说："你再犯这样的错我就罚你做十遍，做到晚上 12 点，直到你不再犯错为止。"这一句话把我彻底击垮了，我哭着喊着把最真实的想法全倾泄出来："我不想比赛了，谁想去比赛谁去，我很累，我想休息，我现在很差劲，我不想自己变成这个样子，现在做的一切都太难了，我永远达不到你们的要求，我撑不下去了，我想睡觉、我想回学校、我想回家……"两个小时，我哭到说不出话来，我的压力太大了，我没有地方发泄，我害怕失败，害怕给团队、给国家丢脸。回想起来，我很感谢在赛前半个月有一场痛彻心扉的宣泄，把所有的委屈不满、该说不该说的像倒垃圾一样全部清理干净，在团队的共同努力下，让我更好地去迎接比赛。

五、我的第五个感悟：奋起直追，一切皆有可能

现在开始聊聊我好事多磨、起死回生、惊心动魄的比赛。

第一天的比赛，我的比赛项目是高级皮肤护理和足部护理。由于各种原因，没有提前准备好模特，原本 9 点钟开始的比赛推迟到了 11 点半。结果，模特好不容易到位后，我抽到的模特脚部条件

不合格，我向裁判申请换了模特，但更换后的模特条件也不利于做出好的效果。模特不顺，对场地的不熟悉，裁判严厉的目光，赛场紧张的气氛笼罩着我，导致我准备工作慌乱超时，4 个小时的比赛，中途为了赶时间，错失了几处细节。比赛后半程，观众的摄像机、照相机都对着我拍摄，我按捺不住内心的紧张，导致出现了一些不该出现的失误，结果我在超时的慌乱中结束了比赛，这场比赛我丢了 8 分。

第二天比赛，是我最自信的简单皮肤护理 + 美体 + 法式指甲模块。比赛在单独的一个封闭环境里进行，除了裁判，只有我知道我干了些什么。结果，比赛始料未及的困难接踵而至，让我感觉比第一天更糟糕。不但工位差，而且面部护理的模特竟然种了睫毛，手部条件也差到无法进行操作，中途模特还要去上厕所。几经折腾，我开始混乱紧张，连毛巾也掉在了地上。就这样，我在全部裁判的注视下，最后一个走出身体护理区域。这场比赛我直接丢掉 14 分。回到酒店，脑海里全是这两天比赛失误的情景，专家和教练虽然没说什么，但是我心里很清楚，他们对我这次拿奖牌不抱任何希望了。心里各种的不平、委屈、不甘、抱怨，我终于忍不住哭了起来。专家、教练们宽慰我说："今天晚上我们什么都不练习，你自己好好调整，明天我们重新来，比赛不到最后，谁也不知道是什么结果，坚持就是胜利。"当时的我边哭边下决心，一定要证明自己，我要让他们对梁英英刮目相看，对中国刮目相看！

第三天下午，肿着眼睛的我开始了脱毛比赛。重整旗鼓后，我感到思路前所未有的清晰，每个细节都做到了最好，这才是我最想要的感觉。我很享受这场比赛的过程，当比赛结束时，场外观众一次又一次的掌声就是对我最好的肯定。看到我的教练对我竖起大拇指，脸上出现了久违的喜悦，听到赞助公司老板对我的赞赏，还有我的模特一直称赞我："You love your job，you are the best！"整个团队都高兴极了。

第四天，是我最拿手的幻彩妆和幻彩美甲比赛。虽然神秘盒子完全没有我想要的颜色，但我还是提前完成了美甲作品，第一个举手请裁判打分。在打分间歇，我听到场外一个外国观众说："中国是最好的！"场馆很嘈杂，但唯独这句话我听得很清楚。接下来的身体彩绘，我凭着自己的美术功底和充分的准备，拿到全场最高分。比赛终于完毕，我的心中有着说不出的喜悦，中国美容终于得到了世界的认同，赢得了尊重！

"奋起直追，一切皆有可能"，我想我的比赛经历就是对这句话最好的诠释。16 个小时的比赛经历，以及参加世界技能大赛集训的磨炼，让我深刻体会到，做什么事都不会一帆风顺，但一定要有"世上无难事，只怕有心人"的坚强信念，遇到困难一定要以"不轻言放弃，坚持到底"的"不倒翁"精神去战胜自己，否则我们将一事无成。也让我明白，无论我是否取得世界技能大赛的奖牌，我都要感谢太多的人和事，我得到了太多难得的成长。代表中国出征，是我一生的骄傲。

希望能够通过我自己一路走来的喜怒哀乐，给大家一些感触，使你们能有一些收获。最后，祝愿在座的所有学弟、学妹珍惜宝贵的时光，抓住好的机会，努力奋斗，实现自己的梦想！也祝愿各位领导、老师们身体健康，工作顺利！

杨文浩，男，汉族，1995年1月出生，四川省遂宁市人，中共党员，四川交通职业技术学院车辆工程专业学生，在第44届世界技能大赛上获得汽车技术项目银牌，被授予“全国技术能手”荣誉称号。

杨文浩

第44届世界技能大赛汽车技术项目银牌获得者

锲而不舍，为国争光

我是杨文浩，是汽车技术项目的选手。毕业于四川交通职业技术学院汽车服务工程专业，目前在西华大学车辆工程专业就读研究生。在 2016 年 9 月，我代表四川省四川交通职业技术学院参加汽车技术项目全国选拔赛并进入国家集训队。2017 年 10 月，我代表中国参加在阿布扎比举行的第 44 届世界技能大赛，并获得银牌。今天，能够在作为人力资源社会保障部世界技能大赛先进事迹巡回报告团中的一员在这里发言，我感到无比的幸运、骄傲和自豪！

今天，我怀着一颗感恩的心站在这里，感激国家对技能人才的重视，给予了我们站在世界舞台施展才华的机会，不仅让国人知道了"中国技能"，也让更多国家的人知道我们中国技能的强大，让更多的人了解并尊重我们，尊重技能及技能人才。感激川渝两地的人力资源社会保障部门，是他们对我们技能工作者的支持与鼓励，才让我们的脚步愈加踏实与坚定。身为四川交通职业技术学院和西华大学的一名学生，我是幸运的，是国家的信任、选择和培养才成就了今天的我。

在集训选拔过程中，川渝两地的人力资源社会保障部门领导、职业能力鉴定中心的领导多次到重庆国家集训基地慰问我和教练。教练们因为我们同样的选择、同样的梦想，甘愿搁置手中的工作，自愿牺牲陪伴家人的时间，集训一年多以来他们与我同吃同住。他们不仅仅是我的教练，更是我的亲人，让我在艰苦的训练时光里深切地感受到了家的温暖。今天，我所取得的所有成绩，不仅仅是因为我个人的努力，更多是因为整个汽车技术项目团队的执着和付出，因为他们，我找到了坚持的意义。

能够参加世界技能大赛，是我值得珍藏一生的一段人生经历，是我一笔极其宝贵的财富。全国选拔赛，我以最后一名的身份进入国家集训队，我倍感珍惜。近两年里，我和教练们献出了所有周末和节假日的时间。越努力，越幸运。我相信所有的认真都将不会被辜负。2017 年 10 月，我代表国家出征，在国际赛场上充分展示出中国青年技师的风采，在当前世界强手如林的汽车技术角逐中，为祖国夺得了一枚宝贵的银牌。

我是一名来自山村的孩子，我深知学习知识的重要性，出于对知识的敬畏和渴望，走出乡村的梦想早已根植于我心。来到城市进入大学后，接触到了世界技能大赛，我强烈地意识到这是我人生不可多得的机会。代表国家出征成为年轻的我人生最大的梦想，因为怀揣着这样的梦想。我克服了一切困难，经过在学校近一年的集中训练，终于代表四川省参加汽车技术项目全国选拔赛，最终以第十名的成绩入围国家集训队。虽然以最后一名的身份进入国家集训队，但我倍感珍惜，从未想过放弃。我深信自己的技术技能水平是可以不断突破的，我暗中给自己鼓劲，最终在“十进五”选拔赛中，以第一名的成绩成功晋级。这一轮比赛给了我强大的信心，我更加坚信自己还有无限的潜力。在后面的“五进二”“二进一”的选拔赛中我的发挥都比较稳定，最终以第一名的身份代表国家出征。

训练消耗大量体能，同时也挑战着自己的最高技能水平，因此提高体能与技能水平成了我每天必要的功课。训练期间我每天晚睡早起，但只要一到训练场地，只要一想到不能辜负他们的期望，我就有了克服困难的动力与决心，立即斗志昂扬地投入到每天的高强度训练中。每天，早上 6 点到晚上 10 点，都要有计划、有步骤，周而复始地进行体能训练、英语学习、技能操作训练。晚上回去后还要进行总结，看维修手册及各种资料。到了训练后期，为了适应阿布扎比的时差，每天会训练到凌晨两点，进行倒时差训练。回首整个训练过程，一路尽是咬牙的历练与坚持。也正是因为这样的坚持，这样的经历，让我在技能之路上的脚步愈发坚定从容，让我心里的火焰在技能之路上永不熄灭。

当我因为长期训练感到怅惘、彷徨时，是我们的基地、我的教练、我们的项目团队在背后默默地支持着我。当我遇到技术瓶颈时，也是他们陪我一起钻研攻关。我感谢和我一起坚持的他们，这份荣誉也理应属于他们！同时，我也感谢我自己，那个从未放弃的自己。

回想起来，我的学习生涯和比赛经历都充满了戏剧性，似乎都是从排名最后一路逆袭，然而，这个过程是艰辛的、是痛苦的，多次的打击、多次的再奋发，我想，是靠着坚定的信念、是靠着对待任何事情认真的态度一路支撑着我走过来。

为了参加世界技能大赛，我在接触比赛之前就足足准备了两年时间。在参赛前两年我一方面努力学习专业理论知识，为了学好专业知识，我利用一切时间查阅相关文献资料，做练习习题，计划各种考试，提高自己的专业技能；另一方面，我也刻苦学习英语，因为了解到世界技能大赛中汽车技术项目英文资料多，设备操作界面也是全英文的，我必须学好英语。同时，我积极去健身房锻炼身体，增强身体素质。4 天 8 个模块，16 个小时的连续奋战，对体能的要求非常高。这是技能的较量，也是技巧、体能、心理素质的综合能力竞争。汽车属于高精尖的科技产品，不是靠几个月突击能弄懂的，而需要花大量的时间学习汽车相关的理论知识，进行实际动手操作。

闭幕式那天晚上，当主持人念到“China，Wenhao Yang”的时候，我激动不已，我为这个名字感到骄傲，更让我骄傲的是我所代表的国家。从未想过有一天我能够代表我的国家，站在这样世界级的领奖台上，为祖国赢得荣誉！

每个人的成长都不是一蹴而就的，长久的坚持和积累是取得成

功的基础。当我们认真面对一件事时，它才会了无遗憾。

2017 年 11 月 21 日我在北京参加了第 44 届世界技能大赛总结表彰会，下午李克强总理和马凯副总理在中南海小礼堂会见了代表团成员，我有幸能和国家总理、副总理握手，激动之情难以言表。正如大家所看到的，比赛之后，所有的鲜花与掌声都簇拥在我身旁。生活在这美好的年代，我何其幸运。我幸运，我生在这个“崇尚技能、尊重人才”的时代；我幸运，我所在的学院关注并重视技能人才培养；我幸运，有国家级的专家团队为我引航照明。正是因为多方的全力以赴，才让我能不断挑战并且突破自我，实现了为国争光的人生价值。我怀着感激的心情面对这一切。

我深切地感受到，在当今社会拥有一技之长是多么重要。精通技能的人才也将有更多的选择、更好的发展、更多的机会。我愿以这样的方式分享我的亲身经历，也愿世界技能大赛能够影响更多的人，让更多的人愿意从事技术技能工作，能够把我们学到的技能知识传授给更多热爱它的人，能用精湛的技艺和高超的技能去创造祖国更美好的明天！

世界舞台我们已展风采，让我们用技能去创造你我的美好未来。作为 90 后的我们是这个社会的新兴力量，是国家的中流砥柱，“大国工匠”是你我的梦想，让我们担负起让祖国繁荣富强的责任，我坚信我们的“中国心”一定能实现我们的“中国梦”。

陈启佳，男，汉族，1997年7月出生，广东省揭阳市人，共青团员，广州市技师学院2013级模具制造与数控加工专业学生，在第44届世界技能大赛上获CAD机械设计项目银牌。他于2016年4月获世界技能大赛广州市选拔赛CAD机械设计项目第二名，在2016年9月世界技能大赛全国选拔赛CAD机械设计项目竞赛中一举夺魁，成功晋级国家集训队。

陈启佳

第44届世界技能大赛CAD机械设计项目银牌获得者

世界技能大赛逐梦记

我是陈启佳，来自广州市技师学院。2017年10月，金秋时节，在阿联酋阿布扎比举行的第44届世界技能大赛中，我有幸代表中国队参加CAD机械设计项目的角逐，最终夺得银牌。这是我的“王者荣耀”时刻，是我青春纪念册浓墨重彩的一页。在此，非常荣幸能与大家分享我的世界技能大赛逐梦记。

回想我的世界技能大赛经历，真可谓一波三折。2016年4月，我代表学校参加世界技能大赛广州市选拔赛前，在学校CAD机械设计精英班已集训了两年，这两年里我起早贪黑、废寝忘食，经历过学校各种考核，技术与心理素质得以打磨和提升。在广州市选拔赛中，我不负众望，以第二名的成绩轻松过关，拿到广东省选拔赛的名额。以我当时的竞赛状态，继续在省选拔赛中晋级本应不成问题。然而，事与愿违，我的成绩只排在第十名，这意味着我落选了，意味着一切的期待有可能戛然而止。如果那时我和学校竞赛团队就此偃旗息鼓，也就没有后来的故事了。

所幸我们没有放弃一线希望，依然坚定信念，相信能够峰回路转。我屏蔽掉失利的阴霾情绪，继续保持备赛状态，等待机会。随后的2016年广东省CAD图形设计职业技能竞赛中，我夺得一等奖，获得了参加世界技能大赛全国选拔赛的资格。

成功“复活”的机会来之不易，须倍加珍惜。相对于其他选手，我是获推荐而拿到全国选拔赛名额的，多少有点“后补”队员的意思，自然会有不少质疑的声音。所以我深知，这是一次证明自己、消除质疑的良机。于是在备赛期间，除了一如既往地刻苦训练之外，我多次反思省选拔赛失利的原因。经过思考，我找到了症结所在，即自己在解决问题时过于纠结，耽误了后面的步骤，而纠结的根源在于经验的缺乏。为此，我有的放矢，将之前的题海战术逐渐向强化弱点上靠拢，白天训练，晚上总结归纳失分点。许多知识点因此得以攻破，比赛节奏也得以很好地掌控。

我憋着一股劲儿，准备“放大招”。2016 年 9 月，在与全国诸强的对决中，我满血复活，战斗值满格，最终力拔头筹，毫无悬念地晋级国家集训队。进入国家集训队，我强势回归，无论是广州邀请赛、南京国际邀请赛，还是“十进五”“五进二”“二进一”考核淘汰赛，头名从未旁落。最后在 2017 年 6 月末进行的“二进一”阶段选拔赛中以第一名的成绩得到了代表国家进军“阿布扎比”的门票。

从几近无缘全国选拔赛到一路“开挂”，我从中明白：用心面对失败，会收获更多。失败的好处就在于，它总能比成功更让人找到自己不足的地方，成功有时候会麻痹你，但失败却很诚实，赤裸裸地挑出你的毛病，鞭策你更上一层楼。

在阿布扎比与世界各国和地区精英竞技中，一开始我不免兴奋、紧张。毕竟 CAD 机械设计项目是广州市技师学院四度角逐三度折戟后首次代表国家参赛，我肩负着许多人多年的夙愿。相对于上届比赛，该项目的精度从 5% 提高到 0.5%，而且比赛首日，大赛组委会临时将难度较大的模块三调换到第一天。模块三有新增的 3D 打印技术，这项技术除了要求选手在设计过程中做到精准测量外，还涉及外观、手感、装配、功能等多方面的知识，这让所有选手都有些措手不及。得益于平常抗干扰的训练，我快速调整心态，心无旁骛、有条不紊地进入竞赛模式。

首日比赛算是有惊无险。晚上，我过电影般地回忆当天比赛的过程，认为自己在某些细节上还没有做到极致，其实可以做得更好。第二天的比赛内容是我最擅长的一个模块，但也是我最担心的一个模块。因为这个模块考的模型主要是钣金桁架，还有焊接，其

中涉及的专业内容很多，我担心翻译在翻译试题时不够准确。第二天的比赛结束后，我才长舒了一口气。试题就跟以往练习中文版本的试题一样，准确无误地呈现在我的眼前，我感觉自己渐入佳境。第三天好状态也一直延续，可以说是得心应手。第四天是最后的压轴比赛日，我不断地提醒自己把控好每一处细节，因为我很清楚这一天要是比砸了，前面的成绩再好都会功亏一篑。最终，我的成绩稍逊于韩国选手，屈居第二。但无论如何，在强手如林的对决中，我最终为中国代表团赢取了一枚珍贵的银牌，圆了广州市技师学院CAD 机械设计项目一场八年接力赛的奖牌梦。

当我站在世界技能大赛的领奖台上，身披国旗时，强烈的国家荣誉感、自豪感不禁油然而生，所有的付出、所有的努力、所有的艰辛、所有的挫折在这一刻都化作最珍贵的记忆。我的思想、情感、价值观在这一刻也得以升华，我发自内心地希望祖国跻身世界制造强国之列，中国产品更具工匠品质，我们年轻一代涌现出更多的工匠，引领中国制造的未来。我相信这就是世界技能大赛的魅力所在。

世界技能大赛“中国军团”凯旋后，受到了李克强总理的亲切会见，我们走上了“技能星光大道”，我们的人生翻开了崭新的一页。回想四年前，我还只是一名初中毕业生，对自己的选择、未来一片茫然。幸运的是，我选择了广州市技师学院，一所广东省最早创办的、具有 66 年历史沉淀的“老字号”学校。学校为学子匠心筑梦，让我拥有梦想的勇气和力量。在这里，我遇见了赵晓霞老师、刘洋老师，遇见了世界技能大赛竞赛团队，遇见了心怀“世赛梦”的小伙伴，遇见了更好的自己。在有梦想的团队里，我培养了自己过硬的心理素质，学会了秉持积极乐观的心态，尤其是在面对激烈竞争时，无论结果如何，都应付出最大的努力，这样才能不辜负自己的青春，每一份努力和付出，每一份成长和收获，都会变成有用的养分。

在此，我想对广大青年朋友们说：我们生活在充满机遇的时代，国家对技能人才的重视达到了前所未有的高度，为我们技能人才搭建了广阔的舞台。我们青年技能人才，是实现中国梦的生力军，肩负着技能强国的重要历史使命。身处美好的时代，年轻的我们怎能辜负青春、辜负梦想、辜负时代！

新的起点、新的征程，我会再接再厉，以世界技能大赛夺银为契机，以良好的心态、坚强的意志和继续为国争光的决心，做好教练和教学工作，为国家培养新一代的竞赛选手和高技能人才竭尽全力，丰盈自己的青春，诠释年轻一代的工匠情怀！

杜润，男，汉族，1998 年 6 月出生，河北省邢台市人，共青团员，原邢台技师学院 2015 级计算机网络应用专业学生，现邢台技师学院教师，在第 44 届世界技能大赛上获商务软件解决方案项目铜牌。2017 年，他获得“全国技术能手”荣誉称号，并参加芬兰技能大赛，获得银奖。在校期间，他因成绩优异，获得劳动出版“技能雏鹰”奖学金。

杜　润

第 44 届世界技能大赛商务软件解决方案项目铜牌获得者

无悔的选择，执着的追求

我叫杜润，来自河北省邢台市，是第44届世界技能大赛商务软件解决方案项目的参赛选手，现在是邢台技师学院的一名青年教师。今天我很荣幸能在这里，和大家一起分享自己的参赛经验和体会，也希望能够给大家带来一些帮助。

在阿布扎比举办的第44届世界技能大赛中，我和26名来自不同国家和地区的选手同台竞技，最终获得了商务软件解决方案项目的一枚铜牌。我取得这个成绩，离不开专家、教练团队的无私付出，离不开学院领导和人力资源社会保障部门的共同努力，更离不开党和国家的栽培。在这里，我想对这一路上所有帮助过、支持过我的人表示感谢。

我原本是一名普通的高中生，每天奔波在繁重的学业中。可我厌倦了这样的生活，我想要学习一门技能，走技能成才的道路。于是，2015年3月，经过了深思熟虑后，我选择了告别高中生活，来到邢台技师学院学习。因为从小对计算机很感兴趣，所以我选择了计算机网络应用专业，当时的我，最大的梦想就是成为一名“黑客”。

经过一个月的学习后，我发现理想和现实之间总是存在差异，学这个专业好像并不能成为“黑客”，更多的可能是成为一名网络工程师。正当我渐渐对这个专业失去兴趣的时候，有一天，一位老师找到了我，她告诉我系里开设了一个程序设计的兴趣班，会在每天利用晚自习的时间授课。一是为了多学点儿东西，二是我本身也对程序设计很感兴趣，于是我报名了，经过专业和英语的测试后，我入选了这个“兴趣班”。最开始我还在疑惑，为什么“兴趣班”

还需要测试，直到第一节课开课了，这个问题的答案才终于揭晓了。

第一节课并没有进行专业授课，而是将我们带到了教学楼东边一间封闭的教室门口，过了一会儿，教室的大门打开了，映入眼帘的是一个个整齐的工位和明亮的灯光。项目组的老师介绍，开办这个兴趣班的目的是为学校的商务软件解决方案项目培养后备选手，这个机房也是商务软件解决方案项目的国家集训基地。而商务软件解决方案项目，简单来说，就是根据企业需求，去开发能够帮助企业提高生产或工作效率的软件，整个软件包含两个部分，分别是客户端和移动端，也就是人们通俗说的电脑软件和手机软件。而交付用户使用之前，需要对开发的软件进行全面测试，并且要向用户详细介绍所开发的软件应该如何使用。

这是我第一次接触到世界技能大赛这一概念，听项目组老师讲述了这些技能人才在赛场上为国争光的故事后，我心潮澎湃。同时我也意识到，这可能是一个机会，一个可以改变我人生的机会。为了抓住这个机会，在兴趣班的日子里我开始努力学习，因为我是零基础起步，要学的东西很多。所以不仅仅是晚自习，每天的课余时间我也都会充分利用。2015 年 8 月，第 43 届世界技能大赛在巴西圣保罗落下了帷幕，中国共斩获了 5 金 6 银 4 铜和 11 个优胜奖，而商务软件解决方案项目就是 11 个优胜奖之一。两个月后，我也正式踏上了第 44 届世界技能大赛的征程，进入邢台技师学院校队开始训练。

当时和我同时进入校队的还有各高校的学生，他们也是被选拔过来进行培养的，同时还有一名上一届的选手和我们一起训练，这样一来，我成了集训队里的最后一名，基础最差、经验最少。那时我的压力非常大，每天都在担心被淘汰。临渊羡鱼，不如退而结网，为了能够快速提升，我早晨 6 点就起床去基地训练，中午不休息，每天最早也要在晚上 11 点之后才回宿舍。2016 年 4 月，省赛前的最后一个月，此时的我进入了疯狂的状态，很多时候会在基地训练到凌晨 2 点。因为我想要证明自己，想要证明我的选择是正确的，也想要证明，技能成才，同样也是一条光明大道。

一个月后，我迎来了第 44 届世界技能大赛河北省选拔赛，经过了 4 天 8 个阶段的比赛，我获得了第一名。从此以后，我找到了信心，学习态度变得越来越积极，对知识的掌握和运用也越来越得心应手。但我没有时间去品尝胜利的喜悦，因为还有三个月，就要进行全国选拔赛了，我必须放下之前的一切成绩，更加努力地训练。备赛的这三个月，不仅仅是我的三个月，也是我背后整个项目团队的三个月，项目组的所有老师们陪着我没日没夜地训练，同吃、同住，并且经常研究问题到凌晨。

2016 年 8 月，在上海世博馆，我走进了全国选拔赛的赛场。两天苦战后，我战胜了来自 11 个省份的 22 名选手，最终获得商务软件解决方案项目的第一名，入围国家集训队。并在之后国家队的“九进五”和“五进二”选拔赛中，一路披荆斩棘，全部以第一名的身份出线。

“五进二”选拔赛之后，我有幸随人力资源社会保障部参加了在芬兰举办的技能大赛，那是我第一次出国参加比赛，也是我第一次和国际强手同台竞技。因为是邀请赛，所以我想要借此机会锻炼自己，征得了专家的同意后，我决定这次比赛的赛题不翻译，我要做纯英文版的卷子。商务软件解决方案项目的赛题量比较大，因为是描述型，所以每阶段的题目都是一本十页左右的小册子。这场邀请赛共三天，前两天的比赛我都顺风顺水地完成了，到了第三天，我却有点怯场，因为商务软件解决方案项目包含向用户演示制作的产品模块，该模块一般都是在赛场里向裁判演示即可，而这次比赛却一改常态，要求我们去赛场外的走廊，向裁判和经过的参观人员演示，这意味着所有的参观者都可以随时驻足观看。虽然过程非常

紧张，但是我最后还是用磕磕绊绊的英语顺利完成了汇报。最终，这场比赛我获得了银牌。回国之后，我又参加了中国国际技能大赛。通过这两次比赛，提升了我的知识，开阔了我的视野，也锻炼了我的能力。

中国国际技能大赛结束后，最终的考核到来了，两位选手中只有一位可以留下来参加世界技能大赛。胜，意味着可以代表国家参赛；负，则意味着两年的努力功亏一篑。这场比赛是我经历的最漫长的一场比赛，每天我都全身心投入，因为我接受不了失败的结局。四天比赛过后，当成绩公布的那一刻，我终于放下了心中的石头，也几乎全身瘫软。是的，我赢了，我拿到了第 44 届世界技能大赛的入场券。

可是，在两天的休息之后，我冷静了下来。在此之前，我一直以来的目标就是如何胜出，如何最终代表国家参赛。但是当我真正达成目标后，我发现，我的担子变重了，我不仅仅是代表我自己，更是肩负着国家的荣誉。行百里者半九十，眼下距离第 44 届世界技能大赛只剩下四个月时间，如何利用好这四个月成了最关键的问题。专家和我把这四个月的时间划分为两部分，前两个月用来专门突破比赛中的难点，而后两个月进行全面复习和模拟。如果出现问题，专家和教练会陪着我一起讨论、分析和解决，一起决定出最优的解决方案。

2017 年 10 月 14 日，第 44 届世界技能大赛在阿布扎比拉开了帷幕。带着两年多团队的共同努力，我走进了商务软件解决方案项目的赛场。4 天，7 个阶段，22 个小时，26 名参赛选手，平均每天休息时间不足 5 个小时。最终，我获得了商务软件解决方案项目的铜牌。

虽然也有遗憾，但是我的竞赛之路至此也算画上了一个圆满的句号。比赛结束后，我被学校留校聘为教师，成为项目组的一员，开始作为教练培养第 45 届世界技能大赛的选手。现在回头再看，三年以前，我还是那个刚刚选择学技能的高中生，还是那个懵懂无知的少年，还处在人生的迷茫阶段，不知道未来在哪里，也不知道以后要做什么。从一名普通的高中生到转行学技能的技校学生，再到世界技能大赛参赛选手，最终成为一名青年教师。对我来说，身份的转换过程是一场奇妙的旅行。而在这场旅行中，专家、教练是我的向导，他们为我指明方向，带我领略旅行中的美景，没有他们的无私付出，也就没有如今的我。

对我来说，选择学技能，也真正改变了我的人生。我们是幸运的，因为我们生在这个崇尚技能宝贵、劳动光荣的美好时代。同学们，让我们积极响应习总书记的号召，努力学习，争做时代弄潮儿，用技能书写我们的美好人生！最后，在这里，祝愿我们的祖国发展得越来越好，也祝大家在各自的职业道路上越走越远！

梁灶容，男，汉族，1997年12月出生，广东省广州市人，广州市机电技师学院2014级学生，在第44届世界技能大赛上获移动机器人项目铜牌。他于2015年开始接受移动机器人项目校内培训，获得广州市和广东省比赛第一名。

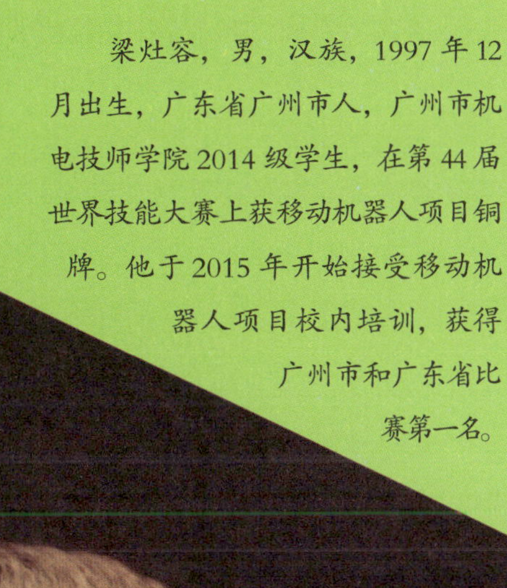

梁灶容

第44届世界技能大赛移动机器人项目铜牌获得者

走技能之路，弘扬工匠精神

我叫梁灶容，来自美丽的花城广州，是广州市机电技师学院电气自动化系的一名学生，非常荣幸能在此次报告会上发言。

在过去不久的 2017 年，我有幸成为第 44 届世界技能大赛中国代表团的一员，代表中国参加世界技能大赛移动机器人项目比赛，最终拿到铜牌。世界技能大赛是当今职业技能水平最高的比赛，作为一名普通技工院校的学生，能够参加世界顶级比赛，除了万分荣幸以外，我更想和大家分享的是这一路走过来的点滴心得。

2013 年初中毕业时，我还是一个浑浑噩噩的小子，没有什么目标和人生规划。当 2014 年踏入广州市机电技师学院后，我发现自己并不是一个没有梦想的“咸鱼”。入学第二个学期，我感觉课余时间比较充足，想多学习一门技能，在班主任的推荐下，我加入了学校的移动机器人培训班。当时我并不知道移动机器人是做什么的，只是抱着玩一玩的心态去学习。经过几天培训，我了解了基本的编程知识，尝试着控制机器人移动，之后我不断地学习和深入了解，只要有空就会到培训班学习。两周后，老师说要举行第一次选拔赛，没被选上的同学就不能来培训班继续学习了，当时我没有放弃，而是更加努力地学习，并通过了第一次选拔。

移动机器人项目知识点很多，机器人需要自己画图设计、自己动手组装，还需要有很强的逻辑思维和编程能力。培训班的同学里，我是年龄最小的一个，同学们都学得比我快、比我好。一开始，我每次成绩都是最差的，但老师没有放弃我，我也更是不服输，每天利用晚上休息的时间继续学习，有时候同一个步骤会重

复好几百遍，常常一个人训练到深夜，回到宿舍同学们都已经睡着了。经过不懈努力，我终于追赶上了其他同学，成功代表学校参赛。

成为参赛选手后，我对移动机器人的兴趣变得更加浓厚，我不断向老师请教，了解到移动机器人是当今中国智能制造产业的代表性装备，智能制造又是中国版“工业 4.0”发展进程中重要的一环。移动机器人是集环境感知、路径规划、信息处理等多功能于一体的综合系统，代表机电一体化的最高成就。而我参加的移动机器人项目是世界技能大赛的传统项目，比赛内容包括：机械设计与安装、机器人的工程日志、机器人的基本功能及核心能力测试、手动模式测试、自动模式测试等，属于参赛队伍较多、竞争较激烈的项目。在此之前，中国仅在第 42 届世界技能大赛中参加过这个项目，此次大赛更是更换了新的设备，这对我们来说是不小的挑战。有了深刻了解后，我决心要到这样的舞台上展现自己，成为一名顶尖的技术能手！

虽然我在广州市和广东省的比赛中都拿到第一名，但在全国选拔赛中，我使用的机器人出现故障，于是只能以第三名的成绩入选国家队。进入国家队后，我非常不适应国家队的训练时间和训练要求，因为之前我习惯练习到深夜，这导致我白天不能发挥良好，但是国家队又有严格的时间要求，训练全都是在白天进行，这让我遇到了很大的阻碍。在这个关头，我的教练在训练中发现了这个问题，告诉我这样下去即便我到了世界技能大赛的舞台上也无法发挥出真实水平，他教导我如何调整自己的训练习惯，并在生活上给予我无微不至的照顾。在教练不断地鼓励和鞭策下，我成功地调整了自己的训练习惯，踏入正轨。接下来的训练中，我给自己制订了每天的计划，尽可能利用白天的时间做有效的练习。在国家队“十进五”“五进三”“三进一”选拔赛中，每一次我都拼尽全力，终于成为代表中国参赛的选手之一。

在阿布扎比的赛场上，我和队友、专家、翻译、教练们一起克服困难，全力以赴地完成比赛。虽然没能站上世界最高的领奖台，但我也没有遗憾，因为每一次我都是拼尽全力，毫无保留地将自己的技能水平发挥出来，我展现了最好的自己！

结束在阿布扎比的比赛后，中国代表团受到了光荣的邀请，到中南海接受国务院总理李克强的亲切会见，这让我深深体会到背后有最强大的后盾在支持着我。

首先，感谢我的祖国。我生在一个美好的新时代、一个强大的国家，我们在阿布扎比比赛的时候，得知上海市获得第46届世界技能大赛的举办权。作为一个中国人，我无比自豪，也更加自信，这股精神上的力量会一直激励着我。

其次，感谢各级竞赛组织部门。没有一流的、良好的训练环境，我就不会站在世界的舞台上。更要感谢我的学校——广州市机电技师学院和集训基地的大力支持。学院和基地的软硬件设备设施逐步完善，为高技能人才的培养和竞赛打下了坚实的基础，提供了必要的条件。另外，比赛、集训期间，各级领导多次莅临指导，从训练情况到吃、住、行等方面，对我们关怀备至，为我们创造了最好的训练条件。

最后要感谢我的教练庞春老师，他在训练和比赛期间无微不至地照顾我的训练、生活等方面。还要感谢帮助我成长的专家、教练和翻译，无论是白天还是晚上，他们都悉心地教导我，规范要领，矫正我的不足。他们给我信心和力量，陪我一步步走到赛场，所受教导我此生难忘！

我更应该感谢的是父母对我的培养，感谢他们的养育之恩。

从对移动机器人一知半解，到站上强手如林的世界舞台，我感慨万分。我找到了自己所热爱的事业，如果没有坚持不懈的努力和

精益求精的学习，我不会一步步走到世界的舞台。学习技能，走技能之路是一种骄傲，作为一名青年工匠，弘扬工匠精神是我的使命，我会继续努力，不骄不躁，在今后的学习和工作中，贡献出自己的一份力量，回报祖国，回报社会。

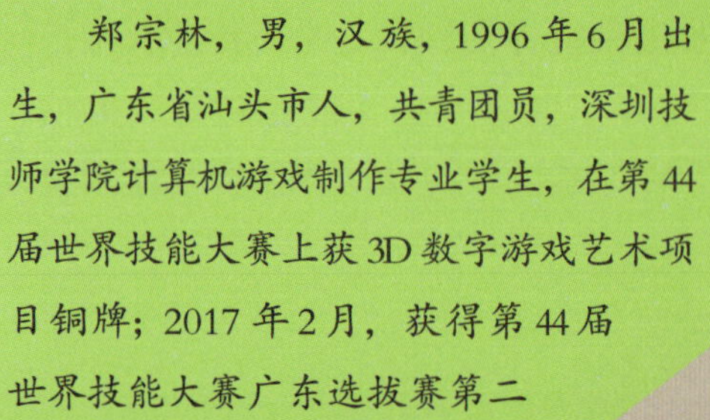

郑宗林，男，汉族，1996年6月出生，广东省汕头市人，共青团员，深圳技师学院计算机游戏制作专业学生，在第44届世界技能大赛上获3D数字游戏艺术项目铜牌；2017年2月，获得第44届世界技能大赛广东选拔赛第二名；2017年4月，获得第44届世界技能大赛全国选拔赛第三名。

郑宗林

第44届世界技能大赛3D数字游戏艺术项目铜牌获得者

坚守梦想，精益求精，技能成才

我叫郑宗林，目前是深圳技师学院的在校学生，在2017年10月第44届世界技能大赛上，我有幸获得了3D数字游戏艺术项目的铜牌。2017年11月21日，我和其他获奖选手还得到李克强总理的亲切会见。下面，我结合自己求学、训练和比赛的经历，汇报几点体会。

我的第一点体会是：坚守兴趣和梦想，学技能一样可以成才。读初中时我喜欢打网络游戏，常常想这些游戏是如何设计制作出来的，梦想自己能够设计一款大型游戏，让许多人同时在线玩自己做的游戏，那将是多么酷的事情啊！初中毕业填志愿时，我看到深圳技师学院的游戏设计专业，于是毫不犹豫就报了这个专业。当时爸爸、妈妈、班主任老师等都表示反对，他们认为我选择了一条“不务正业”的道路，希望我能够读高中、上大学。但我还是坚持自己的梦想，决心成为一名游戏设计师。

进入游戏设计专业后，我了解到，我们游戏专业有一名学长叫陈立硕，现在是深圳一家知名科技公司联合创始人兼首席运营官。他十分热爱游戏设计专业，在学校时潜心钻研游戏设计和制作技术，一边学习一边承接游戏制作项目，到毕业时已经拿了很多奖，作品曾经入围“金熊猫”奖。毕业后他带领着5人小团队艰难创业，从每月亏损20万元，到如今成为近百人的团队，每月净利润1 600万元，公司估值21亿元。陈立硕当初报考我校游戏设计专业时，也曾遭到父母和老师的强烈反对，但他坚持了自己的兴趣和梦想。回想起来，如果当初我没有坚持自己的兴趣方向，放弃做一名游戏设计师的职业梦想，我就不可能站上世界技能大赛的领奖台。

在校学习的这5年里，我强烈感受到：要想立足于社会，光有学历和理论知识是不够的，还必须掌握较高的专业技能，能够动手解决实际问题，完成工作任务。这几年里，我目睹了技工院校毕业生在人才市场上的火爆、抢手，尤其是那些动手能力强、技能含量高的专业，毕业生供不应求。因此，我的体会是：读技工院校，掌握一技之长，是很有前途的。我们技工院校的同学们，不要妄自菲薄，读高中、上大学可以成才，读技校学技能同样可以成才。

我的第二点体会是：刻苦磨炼、坚韧不拔、精益求精是成为技能人才的前提条件。回顾过去两年来，我参加全校、全市、全省、全国选拔赛的经历，感慨万千，受益良多。刚进入游戏设计专业学习时，因为我没有美术功底，一开始成绩在班级排名靠后，但我没有放弃，我利用几乎所有业余时间提高绘画水平，每次给自己定一个小目标，让自己一步步前进。就这样，我从班级的后几名，慢慢到了班级第一名。2016年10月，我通过校内选拔赛，进入学校组织的3D游戏制作集训队，踏上了征战世界技能大赛的征程。刚进校队时，我制作基础薄弱，不被老师看好，但我就像一块海绵，疯狂地学习，拼命磨炼、提高自己的基本功，渐渐得到了老师的认可。接着，我们几个参加集训的年轻人又迎来了更加残酷的全市、全省、全国选拔赛。为了激励我们，教练给我们播放纪录片《大国工匠》，让我们这些稚嫩的学生大开眼界。例如，中国商飞上海飞机制造有限公司高级技师胡双钱，工作30多年来，胡师傅创造了打磨过的零件百分之百合格的惊人纪录。在中国新一代大飞机C919的首架样机上，有很多胡师傅亲手打磨出来的“前无古人”的全新零部件。航天科技集团一院焊工，国家高级技师高凤林，35年专注火箭发动机焊接工作，被称为焊接火箭“心脏”的人。130多枚长征系列运载火箭，在他焊接的发动机的推动下顺利飞入太空，其中就有送嫦娥卫星去月球的长征三号甲系列火箭。

0.08 毫米，是高凤林焊接生涯里挑战过的最薄纪录。中国船舶重工集团公司第七〇二研究所潜水器首席装配钳工技师顾秋亮，负责组装载人潜水器，载人潜水器有十几万个零部件，其组装对精密度要求达到了“丝”级，在中国，能实现这个精密度的只有顾秋亮，他成功将“蛟龙号”送入海底。还有很多这样的技能大师，他们的成功之路不是上名牌高中、进名牌大学，而是追求职业技能的完美和极致，靠着传承和钻研，凭着专注和坚守，他们成为国宝级的顶级技工，成为一个领域不可或缺的人才。这些大国工匠的故事，深深感动了我们这些参加集训的学生，让我们明白了一个道理，只有热爱本职、脚踏实地、兢兢业业、一丝不苟、精益求精的人，才可能成就一番事业，才可望成为杰出的技能人才。

为了向这些大国工匠学习，我们的训练更加刻苦了。事实上对于 3D 数字游戏艺术项目来说，本届大赛是第一次举办，很多竞赛规则、技术要求都还在制定中，没有现成的经验可以借鉴。为了应对可能出现的竞赛项目，我要在教练的指导下，将所有类型的游戏制作项目都尝试一遍，并且每个项目都要力求做得完美无缺。这时离阿布扎比比赛的时间已经不远了，时间非常紧迫。我每天 7 点起床，凌晨 2 点睡觉，只睡 5 个小时，为的是能够多争取一点时间。我每天要坐在电脑前设计、制作十几个小时，真的非常辛苦！因为长时间盯着电脑屏幕，慢慢地，我的眼睛变得近视了；也因为长时间握鼠标，右手得了腱鞘炎，经常感到酸肿麻木。但我坚持下来了，经过多轮考核，我脱颖而出，被确定为正选选手，拿到了阿布扎比的入场券。

我的第三点体会是：为国争光的信念，是我们这支队伍团结拼搏、取得胜利的精神力量。当我被确定为正选选手后，我们这个团队的技术指导专家、教练、翻译更是废寝忘食、夜以继日地工作。因为大家心里清楚，我将代表中国出战，与世界各国高手比拼，我们必须竭尽全力为祖国荣誉而战。在训练过程中，我也逐步了解到这些老师的故事，被他们的爱国情怀感动。例如，我们学校设计学院的院长和游戏专业主任以前都在国外学习、工作，为推动中国设计教育早日追赶上世界先进水平，他们放弃国外高薪，投身国内设计教育事业，立志为我国动漫游戏产业培养国际一流人才。为国争光的信念，让团队精神、拼搏精神渗透在整个团队的训练和比赛过程中，这也是我们取得胜利的关键。在阿布扎比比赛的第一天，我的电脑出现故障，导致我延迟了 2 个小时，也导致我后面对时间把控不到位，体力不支，出现了严重失误，我的情绪十分低落。我的教练姜安老师、周烽老师一边帮我分析技术问题；一边做心理辅导，安慰我、鼓励我，让我重新振作起来。后面几天的比赛，我再没有失误，成绩追了上来，最终取得了铜牌。我深知，我取得的这枚铜牌里，凝聚着各级领导、专家、教练、翻译的智慧和汗水。

代表国家在世界技能大赛上取得了成绩，这是我的新起点，我将会继续努力，不断学习新的技术，为游戏产业贡献自己的力量。

最后，我要衷心感谢各级领导对技能人才的高度重视，对世界技能大赛工作给予的悉心指导和支持保障，这为我们成长成才提供了强大动力和保障！同时，我希望同学们珍惜当前技能人才成长的大好时机，不负青春年华，刻苦学习专业知识，锤炼专业技能，争当技能精英，争当大国工匠，努力实现技能成才、技能报国的梦想！

高雨楠，男，汉族，1993年7月出生，陕西省城固县人，中共党员，航空工业陕西飞机工业（集团）有限公司职工，在第44届世界技能大赛上与队友刘培桐、詹志远共同获得制造团队挑战赛项目铜牌；工作期间，被评为2017年优秀员工标兵。

高雨楠

第44届世界技能大赛制造团队挑战赛项目铜牌获得者

做一个有理想、愿意干、肯坚持的年轻人

我叫高雨楠，是航空工业陕西飞机制造公司（“陕飞”）的一名普通员工。在第 44 届世界技能大赛上，我和我的搭档刘培桐、詹志远一同夺得了制造团队挑战赛项目的铜牌。回国后和其他参赛选手一起在中南海受到国务院总理李克强的亲切会见，这对于我来说是莫大的荣耀。能代表国家出征世界技能大赛并赢得奖牌，我感到无比光荣、激动和自豪。今天，我就向各位领导、青年朋友们汇报我成长的经历和参加本次比赛的所获所想，希望能与大家共勉。

1993 年，我出生在陕西省汉中市，那是一个在大山沟里的城市，因为父母也在“陕飞”工作，因此我也在那里长大，从小我就很向往外面的世界。2011 年，我第一次离开家来到陕西省商洛学院学习，并如愿以偿地进入了我所钟爱的计算机专业学习。我原本以为毕业后可以在一线城市寻求一份专业对口的工作，然而，父母舍不得让我独自一个人在外奔波，2015 年 7 月大学毕业后，在父母的一再坚持下，我最终还是听从了他们的安排，循着父母的足迹，回到了我故乡的企业——“陕飞”，成为一名航空人，也自此踏上了我人生新的征程。

参加工作后，我被分配到一线单位做工艺员，角色的转换，使初入职场的我有些迷茫。那时的我真不知道我的计算机技能能否在公司施展开来。我安慰自己“既来之，则安之”，同时也暗自下定决心：绝不虚度年华，一定要通过自己的努力做一个有用的人。机会很快就垂青了我。2016 年 3 月的一天，我在单位通知栏看到了世

界技能大赛的通知。起初，我只是抱着学习的目的报了名，没想到的是，这竟成为我通向世界技能大赛这个新大陆的船票。

2016年4月，我前往位于河南洛阳航空工业导弹院的世界技能大赛训练基地。当我真正投入训练的时候，我才发现自己最初报名的意图竟是如此幼稚。来参加培训的都是和我年纪相仿的青年，和我不同的是，他们都有着更加宏大的目标——参加世界技能大赛，为国争光，和他们比起来，我顿时自惭形秽。既然来到这里，就不能给“陕飞”丢人。于是，我给自己定下了目标，要做就做到最好。

由于是团队项目，我们需要掌握的技能种类较多，包括机械设计、制图、单片机编程、电路装调。编程和软件都是我的强项，但与其他选手在电路装调及机械方面的差距，让我感觉压力很大。为了追赶他们，我开始跟着各项技能最优秀的选手学习，他们怎么干我就怎么干；到了晚上还要利用休息时间去强化。得知了这种情况，我的单位还专门从技术部门抽调一名专家对我进行指导，使我机械设计的能力得到了快速提升。比赛前的训练就像是一场赛车比赛，谁也不想落后。而对手追得越紧我就越有压力，不努力，就会被淘汰。为了解决画图速度慢的问题，我坐在电脑前一遍一遍地画图，一个零件有上百个尺寸，每天至少要练习6个小时以上。脖子和肩膀僵了，转头看看其他人，别人还在努力，我绝不能停下。长时间盯着电脑眼睛经常会疼，每天训练结束我都带着一双布满血丝的眼睛回到宿舍。有的时候实在受不了了就走到门外透透气，回来接着画。正是有了这样的训练，才换来我在世界技能大赛中图纸满分的成绩。为了提高电路装配的可靠性，我每天顶着刺鼻的气味练习，烙铁400℃的高温，烫伤手是常有的事。最头疼的是复杂的电器原理，整个电路走线完全就是一个迷宫，线路怎么走，有没有虚焊、漏焊，这一切都必须一清二楚。一旦短路，器件就会烧毁，如果在比赛中出现这样的情况，那将会前功尽弃。为了将产品从图纸一步步变成实物，我和我的搭档一起做实验产品，有的材料买回来加工后不能用就改方案，一个零件的不适配，就会导致整个产品都要修改，废旧零件堆了一箱又一箱，这也苦了我的搭档。产品结构就在这一遍一遍的摸索中逐渐成形，我利用一切能够挤出来的时间训练单项技能，过着基地、食堂、宿舍三点一线的生活。面对巨大压力与挑战，任何松懈都是致命的。在“四进二”选拔赛中我获得第 2 名，虽然晋级了，但是第二名的成绩给我敲了一个警钟，因为下一次比赛就是“二进一”，如果再是第二名，就意味着代表国家出征的人不是我。我只有更加努力才能手举国旗，在世界舞台上代表祖国。所有的压力化为动力，在最后的“二进一”选拔赛中，我终于夺得了第一名，成功拿到了世界技能大赛的入场券。

2017 年 10 月 14 日，第 44 届世界技能大赛在阿布扎比隆重开幕。我和刘培桐、詹志远组队参加制造团队挑战赛项目的比赛。比赛的试题要求我们团队设计和制造一个电池动力的救险车，并能够通过遥控拾取复杂地形中的重物，实现折叠收纳、快速部署、翻越障碍地形等性能指标。我负责绘图、装调电路、编程和操控。比赛分为 3 天的高强度加工和最后一天的操作演示，我们必须制订周全的计划，进行构思严谨的设计，完成精密的制造，最终呈现完美的产品，这就要求我们在比赛过程中不能出现任何差错。在比赛中，我们按照赛前制订的计划，各司其职，虽然也经历了一些波折，但最终还是顺利完成了比赛任务，最终摘得了制造团队挑战赛项目铜牌。

站在领奖台上，我们三人都激动不已。看着观众席上挥舞着的国旗，我们三人抱在一起，眼里满是激动的泪水，一种强烈的爱国情怀油然而生。那一刻，我们代表中国，为祖国赢得了荣誉。今天，回味领奖台上激动人心的那一刻，我深深地体会到，虽然站在领奖台上的人是我，但这不仅是我个人努力的结果，更凝聚了方方面面的智慧、力量和汗水。从培训选拔到世界赛场的拼搏是一个漫长的过程，很大程度上考验着选手的毅力。成绩的取得，是选手们

刻苦钻研的结果，更有整个团队在背后默默地为我们服务，教练不厌其烦的讲解，专家奋力的据理力争，翻译老师精准的翻译，保障团队辛勤的保驾护航，没有他们在幕后的无私奉献，这一切都将是镜花水月。我很感谢能有这样一个团队一路支撑我们，更庆幸能够工作在航空工业“陕飞”这样重视人才的单位，它让每个有理想、愿意干、肯坚持的年轻人都有机会成长成才，是他们给了我这样一次学习技能、为祖国征战世界技能大赛的机会。

在人生旅程中，我始终心怀感恩，踏踏实实走在成长的道路上。路还很远，有句古语说得好：生于忧患、死于安乐。我们不能因为取得了一些成绩就停滞不前，今后我将从零开始，脚踏实地，戒骄戒躁，不断追求更高的目标，不断取得进步。

我们航空工业有一首司歌叫《告诉世界，告诉未来》，在“陕飞”每天上班都会听到。其中有这样几句：“有一个梦想，在信念中历经沧桑；有一声呼唤，在蓝天里荡气回肠；航空报国，强军富民，一代代志士上下求索，为中华铸就铁壁铜墙……”每当它在我耳边响起的时候，我就感受到一种强烈的使命感。“作为航空人，我骄傲，我自豪！”作为一名新时代的“陕飞”青年，我要用实际行动回报祖国对我的培养，为祖国的航空事业抛洒青春和热血，肩负使命，争当大国工匠，为实现伟大的中国梦贡献一份力量！

邹芳忆，男，汉族，1996年4月出生，江西省赣州市人，共青团员，原江西航空技师学院2015级航空机电设备维修专业学生，在第44届世界技能大赛上获飞机维修项目优胜奖；在校期间，获得“国家励志奖学金”“国家奖学金”。

邹芳忆

第44届世界技能大赛飞机维修项目优胜奖获得者

不忘初心，继续前行

我叫邹芳忆，来自江西洪都航空工业股份有限责任公司，是第44届世界技能大赛飞机维修项目的参赛选手，也是江西省唯一的参赛选手，获得了飞机维修项目的优胜奖。

1996年4月，我出生于江西省瑞金市的一个小山村，从小学习成绩不太好，不喜欢张扬，也不敢违反学校规章制度，所以一直到中专毕业，也从未引起任何人的关注。

拥有一架玩具飞机，是我儿时的最大梦想。飞机梦一直陪伴着我的童年，虽从未实现，我也一直没有放弃。2015年9月，怀着童年梦想，我来到江西航空技师学院，开始了自己的大学生活。因为梦想，我抱着试试的态度，努力学习飞机维修专业知识，很快就被这个专业深深吸引。总算找到了自己喜欢做的事情，我下定决心一定要努力学习，刻苦训练，把专业知识学好，把技能本领练强。

2015年12月，我听说学院要成立一个班级，在这个班级里可以学习到更多的知识，而且还能够有机会参加各种职业技能大赛。但是，想要进入这个班级必须进行两轮选拔考核。所有报名的学生要通过理论考核进入校前60名，再通过金工实习操作考核，确定组成一个约30人的集训班。为了提高自己的技能水平，我报名参加了考核，并幸运地进入集训班。我非常感谢学院给了我这个机会，我暗自下定决心，一定不辜负学院的信任，苦练技能，做好我自己，为学院争光。

2016年3月，培训班开课的时候，我才知道集训班是为了选拔第44届世界技能大赛飞机维修项目参赛选手而成立的，一个月以后会有一轮轮的淘汰赛。这是好不容易获得的机会，难道在一个月后就要被淘汰吗？何止是我，班上所有同学都不会放弃这个机会，大家都为之努力，你追我赶，更加努力地学习和训练。

2016年4月，集训班教学从理论转为实践操作，同学都迫不及待地要检验自己的动手能力。在技能大师龙建军和李志宝老师的带领下，我们开始钣金铆接的学习，对于每一个钣金零件的下料、修锉、定点、制孔、固定、清洁等工序都按照技术文件规定去操作。第一天做出来的零件，整个班中没有一个超过及格线的。老师并没有觉得我们不行，批评我们，还一一为我们解析技术、查找问题。后来训练的时候两位教练一直待在训练场地，只要学生有疑问都及时做答。在每一天结束时，我都会把自己的零件找出来进行对比总结，记录存在问题，并及时思考改进方法。

2016年5月，第44届世界技能大赛飞机维修项目中航工业集训队在洪都集团进行集训，我们学院原本没有机会参加，但因为我们学院是这次集训的协办单位，才为我们争取了参加这次培训的机会，所以我们倍感珍惜。除了我们班的十几位学生之外，其他集训选手都是各公司的职工。与他们相比，我们没有实际生产经验，对于专业理论更是一无所知。通过相处，我得知这次的集训选手里有上届国家集训队的选手，顿时觉得泄气了，哪里能够跟他们相比，只能做分母了！集训考核，我与同学分别以第六和第七的成绩结束。我又回到学院集训班继续照常上课。一个月后，突然在学校官网中看到江西省选拔赛的公告，我急忙跑去询问班主任。班主任告诉我，江西省选拔是从我们班再次选8名队员参加集训，最后选出两名学生代表江西省参加世界技能大赛飞机维修项目的全国选拔赛。7月的南昌，40℃以上的高温，酷暑难耐，训练室里没有空调，只有几台电风扇在苦苦支撑。我们冒着酷暑练习技能操作，好多同学中暑晕倒，但我们没有人因此放弃。每一天，我们都希望能够把自己技术提高一点，夺得两个名额之一，代表江西省参加全国选拔

赛。经过几轮的练习和考核，我终于脱颖而出。

胜利的喜悦并没有冲昏我的头脑，因为这只是一个开始，后面的对手都是各单位的优秀青年技能人才，与他们相比，无论理论还是技能，我都存在着较大的差距，所以我不能松懈。因为我的目标不是仅仅是通过全国选拔赛，成为国家集训队的一员；我的目标是代表国家参加第 44 届世界技能大赛，是为国家争得荣誉。8 月，两天四个模块的全国选拔赛，我以第五名的成绩进入国家集训队。飞机维修项目国家集训队共有五名成员，我是倒数第一名，压力很大！但这也是动力，因为已经是第五名了，我反而心态平和了。再怎么退也退不出第五名之外，自己再加把劲，还有可能会变为第四名、第三名，甚至第一名，怎么也不吃亏。面对巨大的压力与挑战，任何杂念和懈怠都可能让我淘汰。集训中，我除了要巩固已学的理论知识，还要努力熟练从未接触过的模块操作。日复一日，每天坚持反复训练，就是为了自己在考核中能够少犯一些错误。“五进二”两轮选拔赛，第一轮与第一名整整差了 3 分，尽管第二轮我分数第一，但是总得分还是低于第一名 0.4 分。幸好我没有被淘汰，但也给我敲响了警钟，因为最后只有一名选手能代表国家参加大赛。所以，我只能背水一战。每天，我给自己多加一个小时训练时间。最终以 0.8 分的优势领先对手，成功获得进军阿布扎比的入场券，为国家扛起了进军第 44 届世界技能大赛的大旗。

第 44 届世界技能大赛飞机维修项目比赛，包含七个项目八个模块的角逐，我最终取得了优胜奖。我感觉到，获此殊荣并不是只有我一人的艰辛努力，而是整个团队的共同荣誉，背后是专家组、教练组、基地保障组和选手组成的团队的默默付出。团队中每一位成员心往一处想、劲往一处使，密切配合、齐心协力，指导和带领选手进行训练，参加比赛，竭尽全力完成各项赛事工作。因为参赛标准手册均为英文版，我们的教练想尽一切办法，首当其冲，将其翻译成中文版本，然后指导我们按照手册进行操作。当选手遇到各种技术难关，教练总是在第一时间给我们提出各种改进方法，使我们在训练中少走弯路。基地保障组由飞机维修项目主辅基地组成，两基地根据自身特点互相配合，共同为飞机维修项目服务，保障了各阶段训练选拔的顺利进行。除此之外，考虑选手在训练中的体能消耗，基地还给我们专门安排了体能教练，并统一安排选手饮食住宿，还专门安排英语老师在训练之余给我们补习英语，基地专家在赛前与选手远程合作，共同思考，出谋划策，给选手做赛前最后的指导。作为选手，每天按照专家和教练的安排，不断地学习标准手册，努力锻炼，增加比赛经验，最终在赛场中沉着应对，克服各种困难，顺利完成赛程。

比赛已经结束四个多月了，我也由紧张集训转为正常的工作，随着时间的沉淀，我已经适应了新的工作岗位。作为一名机务人员，我们的任务就是以高标准、高质量交付每一架飞机，为每一名飞行员飞行提供最有力的保障。要想做到百分之百的无故障交付，则需要一个团队中每一名操作人员都成为高技能人才。

一千个零比不上一个一，一千次承诺比不上一次付出，一千句话比不上一次行动，脚踏实地、勤学苦练就是根本。有位哲人说得好：“要想成为常青树，第一要素就是修炼自己的根。”这个根，就是技能；这个根，就是能力。要适应这个新的世界、新的社会，最主要的就是靠能力。同学们，为了今天，我们要提高能力，为了明天，我们更要提高能力。我们为能力而学，为能力而练。一个人有了能力，他就可以拥抱事业，拥抱明天，拥抱一切！

王晨宇，男，1994 年 10 月出生，四川省攀枝花市人，攀枝花技师学院毕业，中国十九冶集团有限公司职工，高级技师，2013 年 7 月在第 42 届世界技能大赛上获焊接项目优胜奖，同年被授予“全国技术能手”荣誉称号，后被授予第十九届“广西青年五四奖章”，并被评为 2016 年广西“最巧工匠”；目前担任中国十九冶集团首席技师、中国工程建设焊接协会高级技能教师、全国冶金建设行业高级技能专家。

王晨宇

第 42 届世界技能大赛焊接项目优胜奖获得者

世界技能大赛，我的成才之路

我是第 42 届世界技能大赛焊接选手王晨宇，现在就职于中国十九冶集团（防城港）设备结构有限公司，是一名焊工高级技师，很高兴能在这里和各位老师、同学分享我的参赛和个人成长经历。在长长的中国世界技能大赛成绩单上，我不是成绩最优秀的那一个，但我的参赛经历却是最坎坷、最曲折的那一个，我相信，我的参赛成长经历一定能给同学们以启发，激励同学们在技能成才的道路上勇敢向前！

一、不平凡的世界技能大赛之路

2013 年 7 月 6 日，德国莱比锡，第 42 届世界技能大赛赛场，这一天永远定格在我的生命里！当时我代表中国参加焊接项目的比赛，前三天我顺利地完成了三个模块的焊接，特别是第二模块压力容器，在变化量由原定的 30% 增加到 60% 的情况下，我的试件质量明显高于其他选手，剩下的第四模块是我的强项，在之前的中国—澳大利亚对抗赛中，世界技能大赛焊接项目首席专家保罗先生给我的试件打出了满分的成绩，称我的试件是艺术品。我对自己的技术实力充满信心，可就在距离竞赛结束只剩半个小时时，在我焊接的过程中，美国专家突然进入我的工位把我叫停，说我操作违规，进行了二次焊接，而事实上我只是打磨了一下点固焊缝，而这一点规则中并没有禁止。后面经专家们讨论认为我没有违规，让我继续焊接，整个模块发挥得比训练时还要好。然而首席专家和美国专家汇总完成绩后，美国专家又重新提出我的不锈钢结构件违规，做 0 分处理。知道这个决定后，我非常痛苦，在教练和专家老师面前泪流不止，感觉自己辜负了他们的培养，辜负了祖国的期望。最

终在第四模块被判 0 分的情况下，凭借前三个模块的出色发挥，我仍然取得了总成绩第五名，获得优胜奖。

我是一个彝族孩子，从小活泼好动，喜欢摆弄小物件。初中毕业后，一个偶然的机会，我看到了我的师傅周树春的事迹介绍，当时我就被震住了。师傅从一名普通工人成长为焊接领域的领军人物，先后获得过“全国技术能手”“全国五一劳动奖章”“中华技能大奖”“第 41 届世界技能大赛突出贡献个人”等各项荣誉，是受人尊敬的高技能人才。我暗下决心：要做像师傅那样“酷”的人！

进入学校后，我很快就被焊接技术迷住了。那段时间，我冲劲十足，争分夺秒地学习和练习，不分昼夜地琢磨和推敲，胳膊上还留有大小不一的疤痕，这些都是训练时留下的“纪念品”。旁人看来，也许切割钢板、焊接焊口时四溅的焊花就像火一般的瀑布，充满了流动美，但却不知道这些跳跃的火花高达几百上千摄氏度，即便穿上三层皮具，火花依然能穿透保护层灼伤皮肤。但有师傅作为目标，我乐在其中，从没叫过一声苦。

身上的疤痕影响美观不要紧，手上的作品一定要美。在师傅的指导下，我和同学们一起，冬练三九、夏练三伏，从而练就了一手过硬的技术，当看到自己焊出的焊缝像鱼鳞一样闪闪发光，犹如一件艺术品时，我心中充满喜悦与自豪。

功夫不负有心人，经过一年多的苦练，2012 年 6 月我代表中冶集团参加了第 42 届世界技能大赛全国选拔赛，以第六名的成绩入选中国国家集训队，开始进入提升水平和赢取荣誉的“快车道”。

集训过程是艰辛而漫长的，从“十进五”“五进二”到“二选一”，我一直坚信“天赋 + 努力”是成长的必由之路。当时年龄小，难免有贪玩、偷懒的心理，但每当看到师傅期盼的眼光，想到基地领导、专家、教练的关心与希望，我就不断提醒自己，只有不断努力才能挑战自己、战胜对手。经过努力，我终于取得参加第 42

届世界技能大赛的资格。在我心里，世界技能大赛是最神圣的殿堂，是我梦寐以求的地方。

为了在世界技能大赛上为国争光，展现中国青年技术工人的风采，集训期间我每天 6 点半起床跑步，每天训练 14 小时以上，这种“魔鬼式”的苦练持续了 7 个月，赛前我的训练成绩已经超过了前一届冠军的得分水平。2013 年 7 月 3 日，我把心态调整到了最佳，怀着必胜的信心走上了德国莱比锡第 42 届世界技能大赛赛场……

汗水换来了泪水。在莱比锡，我经历了人生最灰暗的一个 7 月。

回国后，为使我尽快从失利中振作起来，师傅周树春及其他专家、基地领导都不断地开导我，告诉我竞赛的成败是一时的，技能成才、技能兴国才是我们一生追求的最高目标。奖牌可以被剥夺，学到手的技能是任何人也夺不走的！老师、领导的关心让我走出了阴影，我明白了，无论如何我都是幸运的，在 18 岁的年龄，就能够代表中国站在世界技能大赛的舞台，这份荣耀里不但有着自己的勤奋与努力，更是凝聚了所有基地专家、教练的心血与付出。

尽管我没能如愿实现赛前目标，但磨难让我快速成长，世界技能大赛集训和参赛经历给了我一生最宝贵的财富。当大多数同龄人还在迷茫的时候，我得到国内最好的专家、教练的指导，学习到了世界最先进的操作技能，思想品德、职业素养迅速提高。竞赛结束后，19 岁的我被授予“全国技术能手”荣誉称号，并晋升为高级技师。

二、技能在岗位上闪光

从学校毕业后，根据公司的安排，我来到广西壮族自治区防城港市工作，正当我踌躇满志之时，却遭遇“当头一棒”。我第一次参与的越南高炉炉体焊接项目，因为检验不合格被要求返工。作

为“全国技术能手”的我一下子傻眼了。项目里我负责的是锅炉的基座部分，要求最高，哪怕一点点失误，都有可能引发巨大安全事故，关系几百人的生命安全。

这一经历让我明白自己手中焊枪的责任之大，也让我知道实际工作和学习、比赛的差距所在。现实告诉我，人生必须不断地学习，不断地进步。此后，我不断请教厂里的老师傅，边看边学，边看边做，最终出色地完成了任务。我们在越南建成了世界上焊接质量一次检验合格率最高的高炉，受到业主的高度评价。

虚心学习，加上世界技能大赛集训练就的过硬基本功，很快我就成为厂里的攻坚骨干，我带领的突击队总是在最棘手的项目上冲在前面。2016 年，韩国有一个钢构项目，业主提出焊接质量要采用最严格的欧洲标准，而且工期很短。在工厂犯难之时，我带领突击队主动承担重任，日夜赶工。为了提高焊缝的一次合格率，我和工友在紧张的工作之余，利用废旧材料进行焊接实操练习。通过努力，我们终于在规定时间内拿出了令业主交口称赞的产品。

2017 年 7 月，为丰富自己的工作经历，积累更多现场经验，我主动请缨到马来西亚施工一线锻炼提升自己，这里有中冶集团承建的我国“一带一路”重点项目。与车间焊接工作条件相比，工地上的情况千变万化，很多都是我在车间没有遇到过的问题。我觉得这是一次很好的学习机会，于是我坚持学中干、干中学，遇到不懂的问题，主动向现场技术员请教，向有多年工作经验的老焊工师傅请教，很快就克服了各种难题。同时，他们身上爱岗敬业、无私奉献的精神也时时感染着我，让我在工作中更加严格地要求自己。

现在，我在参与项目攻坚的同时，还通过技能大师工作室这个平台，传绝技、带徒弟，希望能像我的师傅周树春大师一样，培养更多的高技能人才。

三、强焊之战显身手

在高质量完成本职工作的同时，2015 年 5 月，经中国工程建设焊接协会推荐，我参加了由人力资源社会保障部与中央电视台联合录制的大型职业技能明星竞技节目《中国大能手》的“强焊之战”。节目中，我是年龄最小的选手，与来自全国铁路、船舶、航天和建筑行业的四名顶级技能高手“巅峰对决”，这四名选手个个来历不凡、技艺惊人，有的参与过鸟巢、央视新台址等地标工程的修建，有的参与过航母、航天飞机等国之重器的焊接。凭借在世界舞台上与各国技能顶尖高手同台竞技练就的扎实基本功和过硬心理素质，我在整个比赛中，毫不畏惧，沉着、冷静，用手中的焊枪在电光火石间勇闯四关，笑到最后，夺得了首届《中国大能手》冠军。赛后，我被媒体称为“电焊王子”。

虽然不曾得到，但我也未曾失去。因为世界技能大赛，我获得了很多荣誉，我现在是广西壮族自治区焊接技能大师工作室领办人、全国冶金建设行业高级技能专家，获得过“全国技术能手”“全国焊工之星”“广西五四青年奖章”，以及广西“最巧工匠”等荣誉称号，还当选为广西青年联合会第十届委员会副主席。在人力资源社会保障部主办的“技能中国行 2017——走进云南”活动中，我还应邀向云南的师生们展示了焊接技能，并受到好评。这些荣誉是责任也是我前进的动力！在世界技能大赛的征程中，我们每一个人都是一级阶梯，我们的努力或许有遗憾、有失败，但世界技能大赛带给我们的国际化视野、远超于同龄人的技能水平和坚忍不拔的意志，是我们最宝贵的财富。我们这一代人赶上了一个崇尚技能、尊重技能人才的新时代、好时代，国家已经为我们搭建好展示才华的舞台，我相信只要坚持努力，我们就一定能拥有出彩的人生！

专家篇

worldskills AbuDhabi2017
15-18 OCTOBER 2017
THE WORLD'S BIGGEST SKILLS COMPETITION IS COMING TO ABU DHABI
1,300 COMPETITORS
76 COUNTRIES
51 SKILLS
100,000 VISITORS
1,000 MEDIA

鲁宏勋，男，汉族，1963年6月出生，中共党员，中国航空工业空空导弹研究院十一分厂“鲁宏勋班”班长，高级技师，航空工业首席技能专家。自参加工作以来，他先后获得中原大工匠、全国技术能手、中华技能大奖、中国高技能人才楷模、全国五一劳动奖章、国家高技能人才培养突出贡献奖个人等荣誉称号，先后多次参与省级数控技能大赛、全国数控大赛等竞赛工作，并担任裁判长、裁判等职务。他在第41届至44届世界技能大赛数控铣项目担任技术指导专家，多次担任专家组组长及教练组组长，带领中国选手在世界技能大赛数控铣项目上获得两枚金牌、一枚铜牌、一个优胜奖。

鲁宏勋

第44届世界技能大赛数控铣项目
专家组组长兼教练组组长

金牌之路

我叫鲁宏勋，来自中国航空工业空空导弹研究院，第 41 届至 44 届四届世界技能大赛数控铣项目中国技术指导专家，历任专家组组长兼教练组组长。

如果说第 41 届首次参赛的我们是带着美好憧憬初登世界技能大赛舞台，以第 6 名成绩获得优胜奖让我们看到了希望；第 42 届我们带着希望再次登上世界技能大赛舞台，获得了铜牌却留下了遗憾；第 43 届我们则是自信而来，实现了梦想——收获了金牌；那么第 44 届我们更是信心满满，实现了我们的夙愿！战胜了数控铣项目的所有强手，蝉联了金牌！

一、首战世赛，看到希望

2009 年我随人力资源社会保障部考察团到日本、韩国考察其国内竞赛，了解参与世界技能大赛的相关经验，这是我首次接触世界技能大赛。考察中我感到，他们虽然非常欢迎中国出现在世界技能大赛舞台上，但面对具体技术问题时却遮遮掩掩。

2010 年中国加入世界技能组织，2011 年中国首次参加第 41 届世界技能大赛，我经遴选成为中国首次参赛的 6 个项目之一——数控铣项目的中国技术指导专家。我是一名 20 世纪 80 年代初毕业的技校生，参与世界技能大赛工作，仅仅是英文资料与交流就让我面临着巨大的障碍；其次是没有任何参赛经验可以借鉴。为了看懂技术文件，需借助字典。为了写一封邮件，需借助翻译软件。研究往届比赛试题、对比技术文件细节，我们摸着石头过河，一步步前行。首次集训时条件非常艰苦，经费不足导致训练没有足够的切削刀具，没有高精度的量具，没有高精度的夹具，甚至连工具箱也只能自己动手制作。还记得那个炎热的夏季、那个闷热的地下室，我和木匠一起硬是用木板又锯又刨制作了参赛用工具箱。经过近 7 个月的集训与选拔，完成了各项参赛准备。2011 年 10 月，我们带着美好的憧憬在英国伦敦首次登上了世界技能大赛的舞台，来自江苏盐城的数控铣选手王泽民也荣幸成为中国参赛队的旗手。

首次走进世界技能大赛赛场，给我留下最深印象的不是赛场的宽阔与开放，不是从小学生到大学生及各行各业的众多参观者，而是其他参赛国对我们木质工具箱投来的目光。但我们心里明白，只有技术和成绩才是硬道理！比赛中我们选手发挥基本正常，以第 6 名成绩获得优胜奖，而前 5 名中有 3 个是试题中选者（比赛中的试题选自各成员国提出的参选试题，中选者自然有极大优势）。我们用实力证明了自己，也看到了希望。这一届中国队首次参赛就获得一枚银牌，而这枚焊接银牌获得者正是来自我所工作的城市——河南洛阳！

二、重整旗鼓，留下遗憾

2012 年人力资源社会保障部重新遴选了集训基地。有了首次参赛的经验和对竞赛规则的充分理解，我们立即确定下了项目集训选拔的基本框架，严格执行集训选拔计划、严控选拔检测环节、坚持公开竞赛与评价过程，并在北京市工业技师学院逐步建立起了集训专用场地雏形，初步形成了我们参赛准备工作的指导思想，瞄准了超越金牌强国的目标，设定了夺取奖牌的任务指标。

训练是艰辛和残酷的。因集训场地是临时的，没用暖气和空调，一个不到 22 岁的选手要面对实现奖牌零的突破，其艰苦的环境和压力可想而知。赛前两个月，由于对工艺流程、装夹方法等调整的不适应，选手经常偷偷掉泪，面对高难度的考核，成绩也一落千丈，但来自广东佛山的小伙儿谢海波性格坚韧，硬是坚持了下来，在最后一个月稳定熟练期中找回了自信。

2013年7月，第42届世界技能大赛在德国莱比锡举行，我们带着希望再次登上世界技能大赛舞台，我们的工具箱已不亚于任何一个对手了。特别是我们选手的出色表现引起了各国专家重视，在众多参赛者中我们是唯一使用高效切削这种新技术的，因此在效率上远远高出其他选手，其中一个4小时的加工模块我们提前了1个半小时完成，选手要提前交卷，裁判长还以为是要放弃比赛而拒绝其上交，当时就引起了场内轰动。在赛后等待成绩期间，多国专家还是对我们选手的表现高度认可并给予祝贺，并对我们参选试题非常感兴趣，纷纷提出交换。对不起，你的试题我没看上，不换！这就是我的回答。

我们最终以第3名的成绩获得铜牌，前两名中有一个是试题中选者。虽然我们没有获得更好成绩而留下遗憾，但我们找回了自信！

三、历经坎坷，成就梦想

2014年8月，我们开始了第43届世界技能大赛集训工作，拥有了永久性集训场地和设施，建立了一流的心理训练室，各项设施更加齐全。我们全面落实“多手准备、不留死角、充分验证、平战结合、符合标准”的参赛准备工作指导思想。

我来自军工单位，是一个30人生产班组的班长，负责班组生产管理、数控程序编制和技术保障等工作，生产任务非常繁忙，每周工作6天。我工作在河南洛阳，而训练基地却在北京，为了兼顾本职工作与集训工作，集训关键时期常常是一周4天在单位、3天在基地。为了节约时间，周四晚上乘高铁赶往基地，组织第二天开始的训练或考核，周一中午前又回到洛阳工作。为了不断变化训练模块来提高选手训练的兴趣，增加训练试题的多样性，保证考核的公平性，就需要不断更新试题，因此设计新试题也给我带来了巨大工作量。第42届世界技能大赛时就因为天天盯着电脑屏幕绘图编写试题，我出现了视网膜血管阻塞并做了眼部手术。第43届世界技能大赛数控铣项目是首次由第三方出题，出题专家小组用了一个半月时间设计出一套比赛试题，而我为了保证每周有一套新的试题，一个半月时间至少要设计6套试题。上下班路上、往返高铁上，只要一有思路就手绘记录下来。晚上、节假日基本都用来完成试题设计，数百个试题组成的试题库满足了训练与考核需要。

扫地、拖地、擦桌、整理现场，不知道的人还以为我是清洁工大叔呢。训练时只要我在，基本上都会围绕在选手身边，仔细观察每一个操作、每一个细节，及时指出不足、纠正不良操作习惯。每一次训练或考核，我都会准时出现在现场，中间休息也就在椅子上坐着打个盹，虽然20米外的心理训练室有着豪华的按摩椅，但我一次没坐过；工具箱改装我都亲自动手，划线、钻孔、攻丝、装调都由我一手完成。这一切选手都看在眼里、记在心里。我的行为在潜移默化地影响着选手，让他们逐渐养成了良好的职业习惯，使他们明白要成为一名高技能人才所需具备的素养。

当然，我们的训练过程也是快乐的！龙门石窟、少林寺、南锣鼓巷、欢乐谷、开封的第一楼、北京烤鸭，等等，人们说我们是吃喝玩乐团，但这些都是在训练间隙调整心理、放松心情的最佳手段。面对南方选手不适应北方饮食问题，我们自己动手开锅做饭为选手加餐，让选手以更加积极的心态投入到艰苦而枯燥的训练之中。

2015年8月，我们怀揣着梦想与自信，来到巴西圣保罗，在4天3个竞赛模块的比赛中，我国来自广东的选手张志坤不惧强手、准备充分，面对首次第三方出题、综合评分试点、考核标准远超技术标准等意外，头脑冷静、思路清晰，顺利完成了全部比赛。8月16日上午，世界技能大赛网站上公布中国选手获得了项目的金牌，遗憾的是临颁奖前，由于各方代表对检测有质疑、对抽样评估有不

满，世界技能大赛技术委员会决定，暂缓本项目颁奖。我们的选手遗憾地失去了成为中国选手中第一个登台领取金牌的机会！

在这届比赛中，为了给选手赢得宝贵的时间，在拆卸工具箱时我不慎造成肋骨骨裂，我忍着剧痛、吃着止痛药、咬牙坚持在赛场，只是为了每一模块开始前那15分钟宝贵的指导时间，为了维护选手比赛中各项权益不受侵犯。回国后，大家都陆续返程，我还坚守在北京等待结果，拿着手机不停刷屏，却一次次地失望，在疼痛与等待中煎熬……10天后的上午，终于等来了期待已久的检测报告，却发现有误！我赶紧向世界技能大赛技术委员会发函力争，两小时后得到答复——0.7分给中国选手加上。

付出终有回报，努力必有结果！北京时间2015年8月26日晚9点，世界技能组织通过直播视频宣布：经技术委员会确认，金牌由中国、韩国选手并列获得。喜讯传来，一颗悬着的心终于放下了，我们终于梦想成真——获得金牌！

四、砥砺前行，实现夙愿

第44届中国集训队成立时我再次受命，这届我们更是以“人无我有，人有我优，精益求精，技高一筹”的训练要求进行了技术、技能、工具、心理等各项参赛准备。在京广线沿途各省均建立了集训考核点，在满足集训考核的同时还积极普及世界技能大赛知识、理念及数控加工技术，这就是我们的“一带一路”。2017年10月，我们带着满满的自信来到阿联酋阿布扎比，再登世界技能大赛舞台，我们明确的目标就是实现蝉联金牌！

比赛中来自广东的选手杨登辉自信满满、准备充分、顶住了压力，是全场唯一完成3个模块全部工序的选手。前两天比赛是最艰难、最关键、最决定胜负的比赛！直到第二天下午6点比赛结束时，场内外专家、出题者纷纷前来祝贺。我们选手的比赛犹如表演，赢得满堂喝彩！从第一天开始，场外就是长枪短炮、众多同行及国外教练长时间围观、拍照、录像，场内专家也不时围观，我们竞赛机位成为该项目全场唯一焦点！但我们的选手视而不见。面对不符合工业标准的设计、难以置信的图面质量、超出推荐刀具极限的刁难性结构，以及在模块三编程时段只完成 25% 的情况下，顶住压力，克服心理障碍，全然不顾手被划伤，鲜血染红了白色战服，最后一刀切削完成时他仰天长啸！

比赛一直到第 4 天上午，我们整个技术团队都因选手出色表现而暗自窃喜。但当拿到模块成绩单时，我整个人都傻了，这难道是第 43 届推迟颁奖的一幕又要重现吗？因测量技术问题导致我们的选手 6 个尺寸被误判而失去 4.2 分！但经过长时间心理斗争，特别是考虑到选手比赛时的出色表现以及再难也从不放弃的优良品质，也为了给选手一个完整的参赛历程，更能确保现场登上领奖台，我们选择了放弃申诉。最终我们选手仍以高出第二名 5 分多的绝对优势夺得了该项目金牌，并获得国家最佳选手奖！

回顾中国参加世界技能大赛从实现金牌零的突破，到金牌总数第一的历史，向世界展现了“中国工匠”的力量，数控铣项目的金牌之路可以说是中国参赛历程的缩影。党的十九大报告指出“建设知识型、技能型、创新型劳动者大军，弘扬劳模精神和工匠精神”，我相信在世界技能大赛中国组委会及各级政府的领导下，未来中国工匠的金牌之路必将越走越宽广！

宋军民，男，汉族，1971年8月出生，江苏省常州市人，中共党员，现任江苏省常州技师学院机械工程系主任。工作期间，他被评为江苏省学科带头人、常州市骨干教师、优秀教师等荣誉称号；担任第44届世界技能大赛工业机械装调项目专家组组长，他指导的选手宋彪获得该项目金牌，并以全场最高分荣获本届大赛唯一的阿尔伯特·维达大奖。

宋军民

第44届世界技能大赛工业机械装调项目专家组组长

荣耀的背后

我叫宋军民，来自江苏省常州技师学院，是第44届世界技能大赛工业机械装调项目中国技术专家。

宋彪代表中国队获得第44届世赛技能大赛本项目的冠军，并以全场最高分获得了本届大赛唯一的阿尔伯特·维达大奖，我作为技术专家为选手和自己感到骄傲，更为工业机械装调项目的技术团队感到自豪。

工业机械装调项目作为世界技能大赛正式项目，本届是第一次，在上一届该项目仅作为表演项目。记得在2016年年初拿到技术文件时，我是满头雾水，当时翻译过来的项目名称还叫作工业机械安装，文件很多内容是直译过来的，根本就看不明白，特别是对需要比哪些内容、对选手有什么要求、比赛有没有特殊规则要求等，都不是很明白，于是我拿着技术文件咨询了很多行业、企业、院校的专家、技术人员、教授，但各人有各人的理解。为了更好地解读技术文件，技术团队决定重新翻译，由两个翻译对词意进行直译描述，我根据他们的描述分析、确定是指什么样的操作和要求，最后再转换成我们通用的专业名词来进行表述。这样大约花了将近一个月的时间才把技术文件重新翻译完成。

通过对技术文件的解读，我理解了赛项的竞赛内容和对选手的能力要求，如何才能达到这样的目标要求是摆在我面前必须要解决的问题，用什么载体（课题）来训练选手，用什么样的工具、检测量具，这些对我来说都是一片空白。由于工业机械装调项目是一个新赛项，可以借鉴的材料几乎没有，后来提供的基础设施清单虽然列出了很多工具、量具、设备，但有很多我们国家没有，有的甚至

不知道是什么，为了给选手营造一个好的训练环境，基地建设时必须把这些基础设施准备齐全，提供到位。于是我们拿着基础设施清单，跑到外企或合资企业，找外方技术员，问这个是什么工具，这个工具的功能是什么，就这样一个个问、一个个找，把不清楚的工具、量具、刃具的作用、使用方法都一一搞明白，并通过外购、代购等多种途径配齐了所有的工具、量具、刃具，保证了选手的正常训练。

训练课题的开发是我们团队遇到的最大难题，世界技能大赛的竞赛内容跟我们平常的比赛完全不一样，特别是我们这个项目，要把车工技术、铣工技术、钳工手工加工技术、焊工技术、电工技术、钣金技术、装配检测技术进行高度融合，最终制作完成一个机构，实现运动传递和功能要求。单项技术课题的开发对我们大家来讲都不是问题，但要把这么多工种、技术进行融合制作，设计出合理的机构对我来说确实是一个难题。特别是在全国选拔赛中，为了选出最好的选手，设计的课题必须要有一定的难度、深度，更要有一定的梯度。在“三进二”“二进一”的多次考核中，必须设计出四个以上的机构，为了完成这些机构的设计和开发，我查阅大量资料，走访大量企业，能够拆解的机器和设备，我都拆解了一遍，总算完成了这些选拔试题的设计。后来与国外专家交流时，他们看到我们团队所设计的选拔试题后，都竖起了大拇指。

在最后冲刺集训阶段，项目经理通过技术论坛明确这次阿布扎比的竞赛采用暗题暗赛，但告诉了大家比赛的技术要点和设备名称，设备名称就叫“脚踏式动力水净化系统”。开发这套设备的核心就是设计出“脚踏式动力系统”，为了设计出该系统，我跑遍了附近的自行车、助力车生产企业，最后设计开发了“脚踏式动力水净化系统”。正式赛场上，赛前公布试题实样与我们设计的有 70% 的相似度，当时真有一种说不出的自豪，并为团队辛勤付出得到回报而感到欣慰。

在阿布扎比的比赛共进行了四天，共20个小时，赛前一天公布比赛的试题图纸和相关说明，按照规则只能看不能拍照和记录，但可以和选手一起商量半小时，在这半小时内，在与选手讨论的同时，要根据选手的加工习惯和特点制订出简单的工艺路线，并不断地完善和细化，形成适合选手的加工工艺。在竞赛过程中如何充分发挥选手的水平，是比赛日里我考虑的首要问题。根据规则，每天开赛前我可以与选手一起交流半小时，第一天，我让选手从最拿手的加工着手，并在开赛前复述加工工艺和所要进行的操作，这主要为了强化选手的操作步骤，调节他的情绪，疏解他的压力，记得我对他说的最多的就是“比赛就是换个地方操作，在基地你怎么做，现在也就怎么做，但要做到仔细、仔细再仔细”。第一天上午，我时刻关注他的一切行动，甚至他走路的姿态，观察完他一个上午的表现后我基本放心了，我知道他进入状态了，根据我对他的了解，我相信他的状态会越来越好。

一天、两天，选手一天比一天发挥得好，完全按照自己的节奏在比赛，而现在我要做的就是控制他的节奏，以防他兴奋过头。从第二天开始，每天中午休息时间我都带他离开场地，用10分钟左右的时间，让他复述出上午的得失，以及下午如何调整，我再根据情况调整工艺安排，其余的时间就是散步聊天。一直到第三天比赛结束时，记得当时我在评分，选手过来告诉我增速箱部件的安装孔不对，装不上，我与赛项经理、首席专家沟通发现原来是备料加工失误，每个选手都是这个问题，经与各国专家协商确定，由各国的专家通过测量方法，计算出误差的方向和大小，再利用手工工具将安装孔的位置修整过来，而选手必须都离开赛场。选手离开赛场时眼巴巴地看着我，意思说，老师全看您的了，您修整不过来我就装不上了，然后忐忑地离开赛场。等我评分结束后，发现几个国家的专家都快完成加工了，而我测量后发现选手的加工、安装都是按中

间对称来进行计算的，必须两边借料，这对我来说加工量就大了。通过计算，为了保证选手明天能安装到位，我必须在 13 毫米厚的铝板上从两个方向去掉 3 毫米的余量，这个难度确实有点大了，因为只能用手工加工完成，而工具、刀具太缺乏，现场能用的只有一把 6×6 方锉，但为了明天选手能顺利完成比赛，拼了！我用上了所有能用的手段、方法，花了两个多小时，到晚上 11:30 左右总算在两个方向都锉掉 4 毫米左右，保证选手既能安装又有一定的调整量，回到宾馆人都累瘫了。直到现在，我们还常常与赛项经理开玩笑，说他设计的赛项有创新，要专家教练与选手同场竞技，也让专家教练表演、体验一把。

第四天赛前，我在交流时告诉选手，没问题了。这时首席专家过来说，由于昨天时间计算出了点问题，有 4 名选手必须晚些开始，以保证大家同时结束，而选手宋彪是最后一个，必须晚半小时开始。看着一个个选手离开休息室，我们两人的心理压力是巨大的，感觉那半个小时的时间真长，好在选手通过自我调节，加快了自己的比赛节奏，顺利地完成了比赛。比赛结束后的功能检验环节，赛项经理要求我们使用自己制作的“脚踏式动力水净化系统”对现场“调制”的污水进行净化，并每人喝一杯，我接了一杯使用选手制作的设备净化出的水，一口气喝完，感觉这个水真的很“甜”很“甜”。后来，所有选手制作的“脚踏式动力水净化系统”全部赠送给非洲的多个学校和部落，保障他们能喝上干净的水，这些学校也专门给我们发来了感谢信。

颁奖现场，当看到选手披着鲜艳的五星红旗站在高高的领奖台上时，我深深地为他们感到骄傲，为自己骄傲，为团队骄傲，更为祖国自豪。颁阿尔伯特·维达大奖时，看着宋彪披着五星红旗、抱着奖杯，我脑袋一片空白，完全被突来的幸福冲晕了，不顾一切地与边上另一项目的专家和翻译抱在一起，流下了幸福的眼泪。那一刻，我觉得自己这两年所有的付出都值了。

同学们，“技能宝贵、技能成才、技能报国”，这些选手实实在在地演绎了这句话，他们从普普通通的技校学生成长为优秀的技能人才，并站在世界技能大赛的领奖台上，为国家争得荣誉。“知识改变命运，技能成就梦想”，这不仅是一句口号，虽然并不是每个人都要成为世界冠军，但有一技在身，不光能展现个人能力和风采，强化就业本领，更能实现个人价值。现在，我国的产品正不断走向世界，中国正从制造大国迈向制造强国，这需要以万计的技术技能型人才，我们坚信高素质的技能人才将在技能强国中发挥出越来越重要的作用，技能成才必将成为时代的强音。

同学们、同仁们，时代呼唤人才，人才推进事业，劳动光荣，技能崇高，人才宝贵，创造伟大。让我们共同努力，为实现“中国制造 2025”行动纲领和“两个一百年”奋斗目标做出新的更大的贡献。

刘景凤，女，汉族，1964年10月出生，山东省广饶县人，中共党员，教授级高级工程师，历任中冶建筑研究总院有限公司焊接研究所所长、副院长、董事，兼任中国工程建设焊接协会常务副会长；自2011年起，分别担任第41届至44届世界技能大赛焊接项目和第42届至44届世界技能大赛建筑金属构造项目中国集训基地负责人、第44届世界技能大赛焊接项目中国技术专家组组长。

刘景凤

第44届世界技能大赛焊接项目专家组组长

中国焊接，我们又赢了

我是第 44 届世界技能大赛焊接项目中国技术专家组组长刘景凤，来自中冶建筑研究总院。从第 41 届世界技能大赛开始，我分别以焊接、建筑金属构造项目中国集训基地负责人、焊接项目专家组组长的身份，近距离见证了青年一代中国技能人才的成长，见证了我们用短短的七年时间，完成了从一个学习者、跟随者，到阿布扎比第 44 届世界技能大赛取得金牌总数、奖牌总数和团体总分三个第一，成为世人惊叹的领跑者的蜕变。很高兴今天在这里分享我参与世界技能大赛的心得体会。

一、七载拼搏，为国争光

世界技能大赛旨在衡量国家和地区间青年技能人才的培训水平，个人项目参赛选手年龄不得超过 22 岁。大赛虽然是青年人之间的竞技活动，但比赛试题技术难度之高、竞赛时间之长，都远远超过我国目前绝大多数职业赛事。以焊接项目为例，选手要在四天共计 18 个小时的比赛时间内，采用四种电弧焊工艺方法，完成包括低合金钢、不锈钢、铝合金三种材料、四个模块的试件焊接，操作位置和接头形式复杂多变，焊缝数量多达 90 条，评判标准近乎苛刻，并且每个选手只有一次参赛机会，这对选手和专家团队的训练组织工作提出了很高的要求。

焊接项目作为我国第一批参加世界技能大赛的项目，也是历届参赛选手最多、竞争最为激烈的项目之一。我国代表队首次亮相伦敦第 41 届世界技能大赛，选手裴先峰即斩获银牌，夺得了中国代表团第一枚世界技能大赛奖牌；莱比锡第 42 届世界技能大赛，在遭遇争议判罚、第四模块被判 0 分的情况下，王晨宇仍然取得第 5

名，并获得优胜奖；圣保罗第43届世界技能大赛，曾正超以第一名的优异成绩赢得我国第一枚世界技能大赛金牌，并获得“国家最佳运动员奖”；阿布扎比第44届世界技能大赛，宁显海夺得冠军，实现了焊接项目蝉联金牌的奋斗目标！四次参赛，两金、一银、一优胜，焊接项目以优异的成绩，在世界技能大赛舞台上为国家赢得了荣誉。

二、把握规则，科学训练

在阿布扎比第44届世界技能大赛闭幕式上，主持人宣布“焊接，金牌宁显海，中国”的同时，伴随着如浪的欢呼声，观众席上“中国焊接，我们又赢了”的横幅同时展开，瞬间点亮了世界技能大赛舞台，被媒体誉为中国技能人才自信的象征，而这份自信是项目团队用科学训练和辛勤汗水铸就而成的。

2010年，人力资源社会保障部确定焊接项目参加第41届世界技能大赛后，中冶集团及中国工程建设焊接协会主动承担了选手集训选拔任务。起步阶段，我们没有经验可循，来自不同行业和学校的10名集训选手进入基地后，我们才发现多数选手从未接触过不锈钢和铝合金焊接。在世界技能大赛中国组委会的支持下，我们邀请首席专家来基地指导训练，解读规则，交流切磋。通过不断摸索，我们逐步掌握了四个模块的工艺参数，而逐级递进的选拔模式，帮助选手在近乎残酷的淘汰赛中快速成长。中国焊工伦敦首秀，就以出色表现引起各国专家的关注。伦敦赛场的银牌给我们带来意外之喜的同时，也让我们明确了今后的奋斗目标。

借助伦敦赛场拍摄的冠军作品照片，我们开始第42届世界技能大赛的备战，专家团队仔细分析研究其外观特点，不断优化工艺参数，指导选手改进操作手法，集训冲刺时，选手训练成绩稳定在90分以上，在最后阶段的交流比赛中，首席专家保罗甚至给选手的模块四打出了满分。带着夺金的梦想，我们踏上了第42届世界技能大赛的征程。然而，莱比锡的赛场并没有带给我们期待的结果，由于对规则个别条款的认识偏差，在距离全部比赛结束不到半小时的时候，模块四一个点固焊缝的处理方法被裁定违规，我们与金牌失之交臂。当知道结果无法改变的时候，我独自坐在异国他乡的湖边，望着远处的赛场，眼泪无法抑制地流淌。

带着遗憾和梦想，我们又开始了第 43 届世界技能大赛的备战。失利没有击垮我们的斗志和信心，要争第一，就要做到无可挑剔。为此，我要求专家团队吃透每一条规则，绝不允许存在“应该”“可能”的理解，不给自己犯错的机会。在集训的最后关键时刻，刚从美国进口的训练设备突然出现故障，而这个型号的设备国内仅有一台。我们克服各种困难，用一周时间完成了从美国发运备件、快速通关的流程，在出征前一周修复了设备，保证了最后的工艺定型训练。幸运总是眷顾付出努力的人，在自带焊枪与赛场设备匹配出现问题的不利情况下，选手沉着应对，稳定发挥，最终从众多高手中脱颖而出。当得知曾正超夺得第一名的时候，我和在场的专家组组长张友权相拥而泣。这一刻我既为我们团队感到骄傲，也深深感谢曾经经历过的磨难，莱比锡湖畔的泪水与两年的执着坚持终于换来了曾正超胸前两块沉甸甸的奖牌。

转眼进入第 44 届世界技能大赛集训周期，我在担任基地负责人的同时，还承担了焊接项目专家组组长的职责。作为上届金牌得奖项目，我和团队难免会有压力，但我们的团队并没有背上金牌的包袱，而是立志拼搏，把为国争光、捍卫中国“强焊之国”的荣誉作为奋斗目标。在充分总结往届经验教训、准确把握最新规则的基础上，我们制定了“题目从难，评判从严，模拟实战，大强度训练”的训练原则。面对新规则带来的试题不确定性增大问题，我们摸索出了“以多变应改变，以不变应多变”的训练方法，训练题型变化量超过往届 5 倍以上，做到了焊接工艺、位置、构造形式的全覆盖。针对主观评价打分改革的挑战，我们用近乎不近人情的严苛

评判和成千上万次的埋头苦练，让选手将操作的手法要求转化为肌肉记忆，保证每一次起弧都能“绣”出完美的焊道。最终，宁显海在赛场上的表现征服了所有裁判，以 94.63 分取得焊接项目第一名，这也是目前本项目能查到的历史最高分。宁显海的作品成为各国专家争相拍照的对象，他稳定的操作手法、艺术品般的试件让各国专家惊叹不已。

通过这几年世界技能大赛的历练，我们深知，正确理解规则是成功的基础。世界技能组织有一套非常完备的竞赛管理规则，这套规则与我国现行的管理要求有较大差别，要参与其中就必须先吃透它，进而才能发出自己的声音。多年国内竞赛管理经验的积淀，让我们有能力在学习中发现问题并提出完善建议。如第 42 届世界技能大赛之后，针对违规操作行为，我们提出了规则修改意见；第 44 届世界技能大赛备战期间，我关于竞赛规则和评判标准的修改意见也得到采纳。焊接项目技术文件在最后特别感谢了张友权专家代表中国工程建设焊接协会和中冶集团为技术文件的完善所做出的贡献。在世界技能大赛赛场上，我作为项目执裁团队的一员，以严谨的工作作风、认真的工作态度和出色的技术能力，向世界展示了中国专家的风采。

三、团队和谐，保障有力

一个项目的成功离不开强有力的团队。第 44 届世界技能大赛焊接项目专家组有七名不同行业的专家。为发挥团队力量，我按照每位专家的特点，明确训练目标，细化责任分工，倡导团结协作，焊接项目团队也以高效严谨的工作作风、团结和谐的工作氛围赢得了尊重和认可。曾经服务过焊接项目的三任翻译都十分留恋在焊接团队工作的时光。

焊接项目的训练需要高额的资金投入。基地行业主管单位中冶集团积极承担国家责任，每届世界技能大赛集训周期都安排专项资金预算，确保了集训需求，同时还协调各子公司，抽调骨干力量支持集训工作。基地实施单位中冶建筑研究总院组建了以焊接研究所为主体的工作团队，由我担任组长。来自中国十九冶集团有限公司的周树春大师每届世界技能大赛都与选手同时进入基地，直到比赛结束，对提高选手操作技能发挥了关键作用。

正是基地依托单位的大力支持和项目团队的齐心协力，才使焊接项目在世界技能大赛激烈的竞争中不断进步，勇创佳绩。

四、关爱选手，育人成才

我们的选手都是不到22岁的年轻人，这个阶段正是人生成长的重要时期。为此，在指导选手提升技能的同时，我们特别注重对选手的责任意识和对职业的热爱与尊重的培养。焊接职业苦、累、险是众所周知的，训练过程更是枯燥艰辛。北京的盛夏正是强化冲刺的关键时期，在近40℃的高温下，选手穿着厚厚的防护服每天训练12个小时以上。为了不影响保护效果，焊接时还要关掉风扇，这对选手的体力和意志是极大的考验。为增强选手的责任意识和自信心，我们提出了“中国焊工，焊接世界”的口号并悬挂在集训现场。出征前我们组织选手观看天安门广场的升旗仪式，面对庄严的五星红旗，大家许下为国争光的诺言。对祖国的热爱激励着选手和专家团队战胜困难，勇往直前。

兴趣是最好的老师，热爱是不竭的动力。四届焊接项目教练组组长周树春以自身的成长经历，为选手树立了热爱工作、刻苦钻研的典范。在集训的八个多月里，他与选手吃住在一起，时刻关注选手的身心状态，及时给予贴心关爱。最让我感动的是，在第43届世界技能大赛集训冲刺的关键阶段，周教练被诊断出甲状腺肿瘤。为了不耽误选手的训练，周教练一次次推迟手术治疗时间，不得已，我只好强制把他送进医院。住院期间，他通过手机监控系统掌握选手训练情况并及时沟通解决问题。出院后他不顾术后身体虚

弱，坚持每天到现场指导选手。他的行动感动了大家，也成为激发选手刻苦训练的动力。

五、不忘初心，继续前行

习总书记在党的十九大报告中为我国技能事业发展指明了方向，劳动光荣的社会风尚和精益求精的敬业风气正在逐渐形成。党和国家非常重视技能人才的成长，裴先峰、曾正超先后获得“中国青年五四奖章”荣誉称号，并受到习总书记的亲切会见。2017 年 11 月，李克强总理会见了第 44 届世界技能大赛中国代表团全体成员。这既是我们的荣誉，也是对我们的勉励。

焊接广泛应用于各行各业，远到“嫦娥”飞天、“蛟龙”入海、高铁奔驰，近到我们的寻常生活用品，这些都离不开焊接。以高凤林、李万君、周树春、卢仁峰等为代表的焊接技能大师，凭借他们高超的技能和高尚的人格，在各自的领域创造出非凡的业绩，成为我们这个时代的楷模。而像宁显海这些在世界技能大赛中锻炼成长起来的年轻焊工，他们在成长的关键时期，就有机会在世界技能大赛这个平台上学习国际先进的职业标准，培养良好的职业习惯，他们身上体现出的精益求精、追求卓越的工匠精神，必将成为年轻一代技能人才的励志榜样，吸引更多优秀的青年人投身技能成才的行列，他们也将成为我国建设制造强国的主力军，在实现“两个一百年”奋斗目标和中华民族伟大复兴的进程中发挥更加积极的作用。

习主席说：“世界上没有坐享其成的好事，要幸福就要奋斗。”或许在座的大多数同学没有机会站在世界技能大赛舞台上一展雄姿，但希望大家以世赛选手奋勇拼搏的精神为榜样，不辜负最美的年华，踏踏实实练技艺，认认真真学知识，用奋斗塑造最好的自我，让技能成就出彩人生！

翻译篇
NETWORKING

陈晓曦，男，1972 年 11 月出生，四川省成都市人，工科硕士，1993 年首届中国青年奥林匹克技能竞赛钳工项目选手，全国技术能手，钳工技师、加工中心操作工技师，现为天津职业技术师范大学世界技能大赛中国研究中心副教授，主要研究竞赛规则、技术标准、选手的选拔和培训、翻译等；曾三次前往世界技能大赛赛场，担任两届世界技能大赛中国代表团项目翻译，助力第 43 届世界技能大赛焊接项目选手获金牌，助力第 44 届世界技能大赛餐厅服务项目选手获优胜奖。

陈晓曦

第 44 届世界技能大赛餐厅服务项目翻译

技能承载梦想，拼搏改变人生

我叫陈晓曦，我是第 43 届、第 44 届世界技能大赛中国代表团的翻译。非常荣幸，由我来代表世界技能大赛专家、教练、翻译们发言，在这里，我希望把我的经历和感想与大家分享。

我来自天津职业技术师范大学世界技能大赛中国研究中心，既是一名研究人员，也是一名普通的机械专业高校教师。在 2015 年第 43 届世界技能大赛中，我担任了中国代表团焊接项目的翻译。在 2017 年的第 44 届世界技能大赛中，我担任了餐厅服务项目的翻译。大家可能不知道，我和在座的大多数同学们一样，曾经是一名技工学校的学生，我所学的专业是钳工。我的父母和祖辈是山沟里走出来的农民，我也曾经是工作在三线企业生产一线的普通工人。我 17 岁的时候技校毕业参加工作，是一名模具钳工。

我还曾经是一名技能大赛选手，大家可能都知道，我国于 2010 年加入世界技能组织，目前已经连续参加了四届世界技能大赛。其实，我国以及我自己和世界技能大赛的渊源可以追溯到更早的时候，早在 1993 年，我国举行过首届“中国青年奥林匹克技能竞赛”，也就是现在世界技能大赛全国选拔赛的前身。由于我曾经代表过成都市、四川省参赛，在 1990 年的全国技校应届毕业生操作技能竞赛中取得较好成绩，而 1993 年的我正好符合年龄要求，所以再次被成都市推荐参加省级选拔赛。经过层层选拔和艰苦的集训，我代表四川省参加了首届“中国青年奥林匹克技能竞赛”。当时大赛在湖北省十堰市举行，我获得了钳工组全国第 5 名，被授予“全国技术能手”的荣誉称号，拿到了当时来说天文数字般的 1 000 元钱奖金。1993 年 11 月 26 日上午，我们参加了在人民大会堂隆重召开的总结表彰大会；下午，时任国务院总理李鹏等国家领导人在中南海亲切会见了我们近百名获奖选手。

技能训练和比赛是枯燥而艰苦的，但我又是幸运的。尽管 1993

年我国没有加入世界技能组织，我们未能参加世界技能大赛，但是当年青年奥林匹克技能竞赛结束后，我和其他 25 名选手们一起，有幸被招收进入天津职业技术师范大学机械电子专业学习。没有上过高中的我，从一名技校毕业生、一名工人，突然变成了一名大学生。这一切虽让我兴奋，但我也丝毫高兴不起来，不怕被大家笑话，我当年考入技校的成绩是全班倒数第一。但是，我没有退缩，在老师们的耐心帮助下，我拿出技能训练的劲头努力学习，从高中课程开始补习。经过一年多的艰苦努力，我终于各门功课全面赶上，并且在大学中因成绩优异多次获得了奖学金。1998 年，我大学毕业，因为成绩优秀留校任教，成为一名高校教师。随后几年，我又在天津大学完成了硕士学位的学习。消息传回母校，老师们纷纷大跌眼镜，没想到当年初中都差点儿没毕业的我，能够凭自己的努力读完本科，读完硕士研究生，成为一名高校教师。这段从集训、参赛、上大学直到硕士研究生毕业，从技术工人转变成大学教师，近十年时间的经历，让我领会到了一个道理：无论是技能的训练和提升、知识学历的积累与提升，都离不开个人的坚持、持续的努力。

可能说到这里，大家有个问题，你是技校生，大学是学专业的，为什么你会英语会翻译，还能当世界技能大赛的翻译？这个问题问得很好。这里面既有偶然的因素，也有必然的成分，我的个人经验第一是要“学”，我和我们当年所有的选手，进入大学的时候，英语非常差，英语水平几乎为零，我们从 26 个英文字母、音标等开始，学习了一年半的英语课。就这样很吃力地开始了英语学习之路，从一开始每学期发愁期末考试怎么办，通过死记硬背，开始逐渐有了一定的应付考试的能力。学校开设的英语课结束之后，我仍然自己继续英语学习，在本科和硕士研究生学习的后几年时间里，我每天基本保证两到三个小时的英语自学时间，背单词、学语法，自己对着空气练口语。就这样，我“跌跌撞撞”地勉强达到了大学英语四

级水平，又“连滚带爬”地通过了硕士学位的全国英语统考。我个人经验第二是要“用”，刚毕业工作不久，2000 年到 2001 年，我参加对外援建项目，被学校派到埃及工作，担任机械专业的中方专家。在埃及工作的日子里，我天天和机床打交道，和埃及当地同事、同学们打交道，逼着自己天天说英语，过程尽管痛苦，也闹了很多笑话，但锻炼了我的英语水平，原有的英语学习没有白费。几个礼拜下来，我发现我基本上可以用英语进行简单的沟通。项目结束的时候，我已经可以说比较流利的英语和简单的阿拉伯语了。随后，2008 年到 2011 年期间，我又被公派到埃塞俄比亚，参加了当地一所高等职业技术学院的援建工作，担任中方专业教师。在外工作的日子经常遭受治安、疾病、艰苦环境的困扰，既目睹了中资公司在海外的伤亡事件，也正好赶上了中国军舰亚丁湾护航和 2011 年利比亚撤侨行动，我经历了国内环境下不能想象、常人难以理解的困难。完成国家援建任务的经历，丰富了我的阅历、锤炼了我的相关工作能力和英语水平。到现在，我去过不下 10 个国家工作和学习过，累计在外时间差不多有 6 年，系统掌握了英语，会说阿拉伯语、阿姆哈拉语。总结起来，语言的学习，其实也是一种技能，与专业能力的学习与提升有共通之处：需要长时间的磨砺，突破舒适区的积累和应用，要“学以致用”。有学者提出了“一万小时定律”，学好、学会一件本领，需要一万小时的磨砺。我觉得，这个定律，对于技能选手们，对于我来说，是很有道理的。

2012 年，非洲项目结束后，我回到国内，来到了刚成立不久的世界技能大赛中国研究中心工作，主要从事世界技能大赛项目的竞赛规则、技术标准、选手的选拔和集训等相关研究工作。2013 年，我有机会前往德国莱比锡第 42 届世界技能大赛的赛场，全程观摩了第 42 届世界技能大赛，并偶然在机场遇到焊接项目教练组组长、国家技能大师周树春，听他讲述了当时的焊接选手王晨宇在本届比赛中痛失金牌的事件。当时我暗暗想，如果我在场，一定要拼尽全力避免这种情况的发生。机缘巧合，在两年后的 2015 年第 43 届世界技能大赛上，我成了数控车项目的翻译，恰逢世界技能组织对翻译抽签打乱工作的试点，我被调整到了焊接项目。我和焊接项目专家组组长张友权、选手曾正超一起努力数月，经过艰苦的准备和赛场上的奋力拼搏，顺利完成比赛，勇夺焊接项目的金牌。2015年8月16日——请大家铭记这一光荣的时刻——在第43届世界技能大赛的舞台上，我国成功实现了金牌零的突破！我国获得了5金、6银、4铜和11个优胜奖的优异成绩，其中就有我们焊接项目的1枚金牌。2017年，在阿布扎比第44届世界技能大赛上，我被调整到了餐厅服务项目，与项目组专家组组长王欢、选手陈亦凡一起，为中国赢得1个优胜奖，实现了餐厅服务项目奖牌零的突破。同时，原来的焊接项目也传来了好消息，选手宁显海蝉联焊接项目金牌。最终，我国在第44届世界技能大赛的舞台上获得15枚金牌、7枚银牌、8枚铜牌和12个优胜奖，取得了中国参加世界技能大赛以来的最好成绩。

大家可能不了解，翻译并不只是在赛场上工作，不光是大家从电视里看见的在会场上面对记者媒体谈笑风生的风光工作。翻译和专家组组长、教练一样，也是项目技术团队的一员，另外还需要流利的外语、精准的翻译技能，尤其是要系统理解所在项目的专业知识。我们更多的是在赛场之外的艰苦劳动。我们的工作至少在比赛前一年就开始了，在赛场之外，每一届大赛，我们需要提前收集、解读、翻译各种信息、官方文件、技术文档、相关情报、图纸等。第43届世界技能大赛，我完成了共200来页、6万多个英语单词的专业资料的翻译和解读，数百个通用和专用术语的学习和解读；第44届世界技能大赛，我同样翻译完成了累计7万余字的书面资料，加起来相当于几本厚厚的书。翻译是我们的业余工作，白天还有日常的繁忙的业务工作，晚上回家需要照顾、陪伴家人，只能在家人入睡之后才能开始工作，我已经记不清在深夜的电脑前度过了多少

个不眠之夜，也无法精确统计到底为了做好这些工作付出过多少努力。赛场上，一方面，我们需要运用熟练的翻译技能，既需要面对面地交替传译，也需要进行高度聚精会神、听说同步进行的同声传译，还需要对电子资料进行快速精准的书面翻译，才能为选手和专家们提供准确的信息。所有的内容，都需要准确地解读和翻译，任何一个遗漏、失误，都可能为比赛带来不可挽回的错误。另一方面，我们翻译还要积极融入竞赛项目团队，和其他各国专家、翻译们协同工作，保持团队精神，不卑不亢，说话办事有理有利有节，掌握分寸，让对方感觉到你不光语言流利，还是一个熟悉竞赛规则、经验丰富、了解各国国情文化、光明磊落、见多识广的人，这样才能赢得各方的尊重，有效地维护我们的最大利益。

在第 44 届世界技能大赛中，世界技能组织全面启动并实施了对翻译们的跨项目、跨领域随机抽签打乱工作，我被调整到了餐厅服务项目，这给我的翻译工作带来了全新挑战。为此，我们进行了积极的准备，以应对这种变化和调整。我们专门进行了多次翻译工作研讨，在翻译们的抽签调整结果正式公布后，每一名翻译迅速和自己的前任、后任组成了“三人小组”，通过研究学习技术资料、网上沟通、随项目训练、参加国内外比赛等不同形式，尽快开展技术对接，熟悉、掌握了新任项目相关内容。

从接触世界技能大赛开始，转眼已经 7 年，回首过去，想想很不容易，我们有着本职岗位的繁忙工作，家里有年幼的孩子，有年迈的父母，有自己温暖的小家庭。但是，为了我们的共同目标，我们来到了世界技能大赛这个大家庭。在比赛期间，我们和专家、选手组成项目参赛小组，我们是专家们的助手，协助专家做好赛场工作，沟通协调；我们又是选手们的“保姆”，场上、场下关爱、照顾选手，协助选手顺利完成比赛。对于竞赛项目团队，我们既是技术信息传递的使者，又是友谊、文化交流的桥梁。

回想起过往奋斗的日日夜夜，历历在目，接下来的时间，我们又将再踏征程，体验欢笑和喜悦，挥洒汗水和泪水。我们将用我们的全力，帮助专家、选手在世界技能的竞技场上一展身手；我们将以昂扬的斗志，展现良好的道德风尚和专业素质，为党和祖国争光，向人民交上一份满意的答卷。在这里我要说一声，我和我们，会继续努力的！

在这里，作为当年的技校生，我想对同学们说，你们是幸运的，你们生在一个倡导“工匠精神”、尊重技能人才、重视技能人才建设、技能人才大有可为的大好时代。学好技能，不仅可以帮助你们工作就业，找到好的工作；学好技能，还可以参加比赛，为国争光；学好技能，也可以后期继续深造，提升自我。技能学习，不再是学业上无路可退的无奈选择，而是通向美好人生的另一条途径。你们的未来是光明的。加油！祝你们好运！

作为当年的青年技术工人，请允许我在这里向前辈师傅们、工人兄弟们致敬，我现在虽然不在企业工作岗位上工作了，但我永远是你们的一分子，我的心是和大家连在一起的！

作为当年的选手，在这里我要再次感谢各位领导、社会各界对技能人才建设工作不遗余力地持续推动和支持，没有世界技能大赛这样一个平台，就没有我们技能人才辉煌的今天。

曾幸，男，汉族，1985 年 1 月出生，江苏省盐城市人，江苏省盐城技师学院教师；作为翻译参加第 42 届和第 43 届世界技能大赛电气装置项目，助力选手分别获得优胜奖、银牌，在第 44 届世界技能大赛原型制作项目上，助力选手获得金牌。

曾 幸

第 44 届世界技能大赛原型制作项目翻译

奋力攻坚，携手共进

我是金牌项目原型制作的翻译曾幸，来自江苏省盐城技师学院。我是比较早介入世界技能大赛的，于2013年参加过在德国举办的第42届和2015年在巴西举办的第43届世界技能大赛，当时参与的是以我们盐城技师学院为基地进行训练的电气装置项目。

世界技能大赛每两年举办一届，在这两年的备战周期中，从国家到省市各级政府单位都给了我们极大的帮助，调拨专项资金支持集训基地开展训练，集训选手们的衣食住行各个方面都被照顾得无微不至，让选手们心无旁骛，专心训练。我在第42届和第43届世界技能大赛上参加的都是电气装置项目的比赛。说实话，最初找我做翻译的时候，我内心是很惶恐的。因为我是英语专业出身，没有半点儿理科基础。比赛用的设备、元器件之类的东西，我一个也叫不上名字。后来单位领导让我停课脱产专心参与竞赛工作，每天和集训选手一起训练，拿起剥线钳来剥线，抄起手枪钻钉螺钉，抓起锯子来锯线槽。基地的教练们也来帮我一起学习相关的知识。就这样，我慢慢熟悉了这个项目。

近年来，在世界技能大赛的对外交流方面，我们采取了“走出去，请进来”的方式。一方面，我们分别去澳大利亚和新西兰参加了两届大洋洲技能大赛，观摩了法国和瑞典的欧洲技能大赛。另一方面，电气装置集训基地先后多次请来本项目瑞典的首席专家、新西兰的副首席专家和爱尔兰的项目经理人。在外国专家访华指导的一周时间中，我们从他们那里了解到世界技能大赛最新、最全面的技术标准，请他们帮忙购买世界技能大赛会用到的材料和设备。作为翻译，每次我都是从接机到送机，全程陪同。每天在中外专家进

行交流的时候，我为他们进行翻译。一天下来，我一个人说的话和在场所有人说的话加起来一样多。晚上结束工作回到酒店躺下，嘴巴酸到一句话也不想说了。从我住的地方到外国专家下榻的酒店只有 5 分钟车程，但是每次我都是按要求一起住在酒店里，一周不能回家。包括后来我被调整岗位到广州的原型制作项目基地工作，前后共三个月，都是和家人分开的。对此，我的家人都对我的工作表现出了极大的支持，免除了我的后顾之忧。

2017 年，根据世界技能组织关于翻译工作的改革意见，从第 44 届世界技能大赛开始，所有的翻译都要由世界技能组织随机安排，因此，我被安排到基地在广州的原型制作项目担任翻译，协助选手备赛参赛。这种跨项目、跨领域的随机安排，给我们的翻译工作带来了全新挑战。

针对这种情况，在人力资源社会保障部世界技能大赛中国组委会、部国际交流服务中心的组织和领导下，我们进行了积极的准备，应对这种变化和调整。2017 年 3 月，我们参加了国际交流服务中心在广西南宁组织召开的翻译工作研讨会。6 月，按照交流中心要求，在翻译抽签调整结果正式公布后，我们每一名翻译迅速和自己的前任、后任组成了“三人小组”，通过研究学习技术资料、网上沟通、随项目训练、多次参加国内外比赛等不同形式，尽快开展技术对接，熟悉、掌握新任项目相关内容。国际交流服务中心利用 6 月初在上海、苏州举办的中国国际技能大赛和 9 月底在北京举办的集训冲刺动员的机会，专门组织大家开展培训和研讨交流。我们坐到一起，谈经验、谈教训，也反映存在的问题和提出自己的建议。

实际上，我们走到今天这一步都很不容易，我们有着自己的繁忙的本职工作，家里有年幼的孩子，有年迈的老人，有自己温暖的小家庭。但是，为了我们共同的目标，为了祖国的荣誉，我们来到了世界技能大赛这个大家庭。在阿布扎比期间，我们和专家、选手组成项目参赛小组，我们是专家们的助手，协助专家做好赛场工作，沟通协调；我们又是选手们的“保姆”，场上、场下关爱、照顾选手，协助选手顺利完成比赛。对于竞赛项目团队，我们既是技术信息传递的使者，又是友谊、文化交流的桥梁。

从 2017 年 7 月 22 日前往广州市技师学院原型制作项目训练基地开展工作，到 10 月 22 日比赛结束返回家中，历时三个月整。这段经历，对我来说是一种全新的体验，也是一段美好的回忆。

在第 44 届阿布扎比世界技能大赛之前，我已跟随电气装置项目参加过德国莱比锡和巴西圣保罗两届大赛。但是刚开始得知世界技能组织要将所有项目的翻译打乱随机分配的时候，我也是有些苦恼的。我本身是英语教师出身，花费了很多时间和精力才熟悉了电气装置项目的技术特点，现在要去一个未知的项目重新开始，心里真的没底。担心自己要是不能很好地理解新项目，比赛时犯了翻译的错误，给选手拖了后腿该怎么办。在 6 月 12 日的晚上，我从世界技能大赛官网上看到自己被分配到了原型制作项目，凑巧的是，原型制作项目的原翻译麦浩妍老师正是在 6 月初上海国际技能邀请赛上在电气装置项目上一同工作的战友。我们简单交流了一下我的新工作，此时我才知道原型制作项目的选手正是之前观摩瑞典哥德堡欧洲技能大赛时，飞机上坐在我旁边的小伙子——黄枫杰，当时我还带着他和电气装置项目选手董辉一起去看了天安门、吃了烤鸭。如此看来，我和原型制作项目之间的缘分，是早已注定了的，因此我也安心接受了新的安排，决心要在新的岗位上发挥自己的应有作用。

在将电气装置项目的相关资料整理交接给原家具制作项目的翻译霍佳漩老师之后，我也带着麦老师给我的资料前往新基地报到。我的本单位江苏省盐城技师学院的领导全力支持世界技能大赛工作，批准我常驻新基地，原先的一切工作全部放下，全力备战。在广州市技师学院工作期间，我与原型制作和 CAD 机械设计的选手

以及其他备选选手同吃同住，他们让我很快适应了广州的生活，我也和他们成为好朋友，最重要的是，在此期间我和黄枫杰选手之间培养出了很好的默契感和信任感。我照顾他的生活起居，注意他情绪的变化；他在训练中取得进步或是遇到困难也都会和我倾诉。我能感觉到，选手对于世界技能大赛是期待的、好奇的，同时又是担心的。在这两个多月的相处时间里，我总是不断鼓励选手，给他们讲世界技能大赛是什么样子的，让他们多了解一些，也多一份心安。

我国虽然是第一次参加原型制作项目的比赛，但是在此之前，项目基地广州市技师学院已经对这个项目进行了很深入的研究，基地在这方面的投入也很大，购买了与比赛同样的机床设备和 3D 打印机，还组织了原型制作项目广州市国际挑战赛、中日选手对抗赛，广东省也组织了参赛相关人员提前赴阿联酋踩点，适应比赛当地生活环境。我在基地的这段时间，也将我之前的参赛经验毫无保留地全部告知教练组，教练组组长赵晓霞老师是我的同乡，我们从训练到比赛，交流配合都很顺畅，合作非常愉快。

在经历了良好的系统训练之后，我们终于迎来了第 44 届世界技能大赛。在原型制作项目缺少很多比赛所需的基本材料的情况下，我国项目专家熊志勇教授和基地领导协商之后提出由我们中国队提供缺少的材料，并迅速安排保障团成员在后方准备材料并运送至阿布扎比。我们的行为和效率令区域经理、车间主管，以及各国家和地区专家惊讶不已，又万分感谢。

一开始，原型制作项目的技能管理小组对翻译的限制很多，在前期基本上不允许翻译参与任何事情，但其实能做的事情也有很多。在不违反规则的前提下，我作为翻译也尽量多地搜集有用信息提供给专家和场外教练，让他们可以及时调整选手的比赛策略。原型制作项目所用的机床是共享的，遵照先到先得的原则，我协助专家在比赛的前两天最重要的任务就是抢机床，保证选手在进行最后的手工制作时拥有了 1 个小时的优势，最终圆满完成了整个赛题。

在评分时，我们的专家熊志勇教授凭借对评分细则和评分方法的准确理解和把握，获得了评分小组召集人和成绩记录员的身份，这为我们把控评分走势和评分信息提供了很大的便利。

在比赛中，翻译该如何与专家配合，是我一直注意的问题。在赛场随叫随到，如实翻译，准确传达信息是作为翻译最基本的素质。这次比赛我与熊志勇专家之间的配合非常顺畅也很舒心，虽然参赛身份不同，在比赛中也是各司其职，但专家与翻译之间能够互相补位，一方为另一方考虑，某一人工作中有遗漏之处，另一人能够及时发现并提醒，或帮忙弥补。这样，专家和翻译一条心，尽全力为选手创造最佳的比赛环境，让选手可以专心比赛，争取最佳的结果。

祖国利益高于一切。在世界技能大赛中国组委会的正确领导下，备战中，我们与专家、选手及所有工作人员团结一心，积极应对规则变化和评判改革，科学严格组织训练。赛场上，我们不畏强手，沉着应战，奋力攻坚。在大赛中，我们尊重竞赛规则，有效维护选手权益，以出色的表现赢得了尊敬，为世界技能发展贡献了中国团队的智慧。在整个过程中，我们坚决服从世界技能组织、世界技能大赛中国组委会、阿布扎比大赛主办方的安排和要求，严格遵守竞赛规则、道德和行为准则，以及保密规定，共同维护世界技能组织“公平、公正、公开”的核心价值。回想起过往奋斗的日日夜夜，大家共同体验欢笑和喜悦，挥洒汗水和泪水。我们携手共进、互相帮助，用我们的全力，帮助专家和选手在世界技能的竞技场上一展身手；我们以昂扬的斗志，展现了良好的道德风尚和专业素质，确保了参赛工作的顺利进行，取得了优异成绩，没有辜负党和人民对我们的期望，实践了为祖国争光的庄严承诺！

能够在世界技能大赛舞台上作为翻译参赛，既是荣誉更是责任。但是，成绩已属于昨天。我们将戒骄戒躁，不忘初心，牢记使命，从零开始，全力做好下一届大赛的备战工作，力求在 2019 年俄罗斯的喀山再创辉煌，为国争光！

岳颖琳，女，汉族，1972 年 9 月出生，江西省景德镇市人，航空工业昌河飞机工业（集团）有限责任公司高级工程师，1991 年毕业于北京航空航天大学；曾担任三届中国代表团翻译，助力第 42 届世界技能大赛飞机维修项目获第 8 名，助力第 43 届世界技能大赛飞机维修项目获优胜奖，助力第 44 届世界技能大赛瓷砖贴面项目获金牌；精通直升机部件装配技术，了解直升机总装专业技术，具有十多年国际合作技术交流经历，精通飞机和直升机专业英语，口语流利。

岳颖琳

第 44 届世界技能大赛瓷砖贴面项目翻译

我和三位世赛选手的故事

我叫岳颖琳，来自航空工业昌河飞机工业（集团）有限责任公司，是一名从事直升机制造工作20多年、有丰富工程经验的工程技术人员。我有幸作为翻译连续参加了第42届、第43届、第44届三届世界技能大赛，陪伴了三届世赛选手在世界技能大赛舞台上展示中国青年技能人才的风采，特别是见证了第44届世界技能大赛瓷砖贴面项目选手崔兆举勇夺桂冠的辉煌。今天有幸在这里和大家分享我和三届世赛选手参加世界技能大赛的历程，见证他们“汗水浇铸未来、技能成就梦想”的点滴，诠释技能成才的真谛，与大家共勉。

世界技能大赛是当今世界地位最高、规模和影响力最大的国际职业技能竞赛，是世界青年技能人才的展示舞台。其宗旨是倡导和鼓励年轻人学习技能，用技能回报社会、实现自己的人生目标。翻译除承担相关技术资料、文件的翻译工作外，还负责专家和选手对外交流的翻译工作，在比赛过程中与选手接触机会多、相处时间长，有机会为选手取得理想的成绩做出积极的贡献。日常集训中，翻译需要与选手积极沟通和交流，了解选手技术水平和思想动态，鼓励选手积极向上、努力训练，协助消除选手紧张情绪，专心训练，形成与选手的高度信任和默契。比赛期间，翻译要当好参赛选手的“保姆”。参赛选手年龄小、压力大、阅历和经验不多，可能存在思想有波动、生活不习惯、丢三落四等现象，要及时观察了解选手思想动态，帮助选手减轻压力。在生活上照顾选手，及时提醒选手相关注意事项。在与每一届选手集训和比赛相处过程中，我们都建立了形同姐弟甚至母子般的信任和融洽关系。

我陪伴的第一位世赛选手是第42届世界技能大赛飞机维修项目参赛选手马欣。2012年，我作为飞机维修项目翻译首次接触世界技能大赛。飞机维修项目的特点是专业跨度特别大，包括钣金、铆接、电子、装配调试、发动机、操纵调整、机务等多个细分专业，这些专业在国内航空制造企业是属于完全不同单位的不同工种。马欣此前是航空工业昌飞国际合作制造中心的一名铆装钳工，仅有一定的铆接理论和技术基础。参加世界技能大赛，他要面临两大困难：一是缺乏经验，因为该项目当时是首次参赛，技术专家组、教练组、翻译等都是首次接触世界技能大赛，能参考的只有上一届的技术文件和赛题，大家对竞赛流程、评分方法、评分标准、注意事项等都不了解。二是他要在不到一年的时间里，掌握本专业外的其他 6~7 个专业的基本理论知识和基本技能。集训中，马欣和技术专家团队密切配合，认真分析每个竞赛模块每个操作步骤、过程和技术要求，提炼出所需要掌握的理论知识和操作技能，进行有针对性的训练。由于集训周期短，平均能够分配给每个专业的训练时间不到 1 个月，基本是白天训练操作技能，晚上学习基础理论知识，并进行总结和分析。在集训的 8 个多月里，马欣放弃了所有的休息时间，每天重复着训练、总结、提高的过程，终于基本掌握了其他所需专业的基本理论知识和操作技能。2013 年 7 月，在德国莱比锡举行的第 42 届世界技能大赛上，马欣在世界最高技能竞技舞台上完成了他的展示。在比赛过程中，我与马欣密切配合，互相鼓励。在第一天的比赛中，马欣有一个模块由于紧张未能在规定的时间里完成，有一点担心和低落，我及时帮他进行分析和疏导，消除压力和紧张情绪，鼓励他树立信心，充分发挥自己的水平和能力，享受比赛和展示过程。在后面几天的比赛中，马欣克服困难，充分发挥，展示了自己的能力和风采，赢得了裁判和对手的尊重和赞扬。当最后一个比赛模块结束时，我们深情拥抱，共同庆贺这次胜利。通过世界技能大赛集训和比赛，马欣成长为一名综合素质优秀的复合型技能人才，开始了人生新的征程。

我陪伴的第二位世赛选手是第 43 届世界技能大赛飞机维修项目参赛选手钟福强。钟福强此前是航空工业昌飞直升机维修车间的一名实习生，在大学主修文科专业，没有工程技术基础，在全国选拔赛前通过刻苦训练，过关斩将成功入围国家集训队。在集训中，他和技术团队密切配合，针对自己的弱项制订强化方案，从最基本的工程识图等各专业基础理论学习开始，不仅动手，更要动脑，注重基本技能和良好操作习惯的养成，技能水平迅速提高。通过不到半年的努力，钟福强最终以文科生的底子，在两次集训选拔中脱颖而出，获得参赛选手的资格，实属不易。在强化集训的最后一个月，我完全脱产陪同进行模拟比赛训练，与教练、选手统计分析模拟比赛中每个竞赛模块每个操作步骤的完成时间和完成质量，查找存在的问题和不足，制订改进方案和措施，督促选手认真落实。通过集训中的不断磨合，我与选手形成了信任和默契。2015 年 8 月，在巴西圣保罗举行的第 43 届世界技能大赛上，钟福强获得了飞机维修项目优胜奖。回国后，他受到了公司表彰并破格提前转为正式职工。目前，钟福强已成长为公司直升机维修中心的技术骨干和工段长。

我陪伴的第三位世赛选手是第 44 届世界技能大赛瓷砖贴面项目冠军选手崔兆举，这也是我最骄傲、最自豪的一段世界技能大赛经历，我见证了小崔夺冠的艰难历程和辉煌时刻，更为夺冠贡献了自己的力量。2017 年，按照世界技能大赛组委会对翻译的要求，我从飞机维修项目交流到瓷砖贴面项目。盛夏的 7 月，我到烟台集训基地参与小崔的集训，真正见识了“夏练三伏”挥汗如雨的场景。训练完全可以用苦、脏、累来形容，一次模拟训练一个作品，600 多块瓷砖，三天完成。每天识图、切割、镶嵌、抹缝、评分、点评，周而复始。一个作品完成评分和点评后，马上打掉开始下一个作品的训练。半天训练下来，小崔身上的衣服都能拧出水来。当时，学校已经放假，吃、住条件比较艰苦。但小崔克服了所有的困难，全身心投入训练，朝着自己的梦想努力往前冲。在集训中，我充分发挥自己的技术优势和参赛经验，协助专家和选手分析图纸和得分点，帮助选手进行分析、总结和提高，形成了与选手的绝对信任和默契。2017 年国庆长假期间，也是世界技能大赛出征前夕，别人在欢度节日时，小崔还在进行最后一次模拟训练。伴随着堆积如山的废弃瓷砖，他练就了过硬的技术。10 月 15 日的阿联酋阿布扎比，在紧张的期待中，小崔开始了他的世界技能大赛夺冠冲刺。但比赛并非一帆风顺，过程中处处遇到困难。小崔和技术团队密切配合，每天赛后认真回顾和分析，及时调整，针对当天比赛暴露的问题制订第二天的应对方案和措施。经过艰苦的奋战，最终小崔以绝对实力夺得冠军。结果公布的那一刻，我流下了激动的泪水，为小崔和技术团队包括自己的辛苦付出和努力而感动，为中国青年技能人才由衷感到骄傲和自豪。

技能人才是社会的基础，是“中国智造”的核心力量，是实现中国梦的重要推动力。每一个世赛选手包括国家集训队选手都是成功者，他们的成长经历就是一本励志的故事书。他们都付出了辛勤的汗水，他们用自己的实际行动诠释了“技能成就梦想、技能创造未来”的真谛。同学们，付出总有回报，不管我们学什么专业，将来从事什么职业，只要我们努力，不怕辛苦，从基础做起，提高自身技能、技术水平和综合素质，就一定能够立足社会、回报社会，为实现中华民族伟大复兴梦贡献自己的力量。让我们以世赛宗旨、世赛精神和世赛选手的故事来激励自己，练就过硬的本领，靠自己的双手创造自己美好的未来，为建设美丽富强的中国做出更多更大的贡献。

韩明，女，汉族，1975年3月出生，山东省青岛市人，中共党员，上海出版印刷高等专科学校教师；在第42届和第43届世界技能大赛印刷媒体技术项目上担任英语教练和翻译，助力选手王东东和张淑萍在第42届和第43届世界技能大赛中分别获得铜牌和银牌，在第44届世界技能大赛车身修理项目上担任翻译，助力选手杨山巍获得该项目金牌。

韩 明

第44届世界技能大赛车身修理项目翻译

中国职教，为国家在没有硝烟的赛场上赢得尊重

2017 年 10 月 19 日早晨，经历了世界技能大赛决赛整夜的鏖战，一宿没睡的我头昏脑涨地进入会议室，正想打个盹儿。那个一贯苛刻、没好脸色的丹麦副首席专家突然笑眯眯地向我走来，手里还拿着一张纸。

他很神秘地对我说："明，想看吗？如果我给你看这个，你一定要请我去中国玩哦！"

想起他负责复核总分，我一下精神起来，一边答应着一边迫不及待地拿过那张纸。果然，他递给我的就是最终的总分排名表！

"山巍、山巍"，我紧张地找寻着杨山巍的排名，当我看见他的名字清晰地列在第一位时，眼泪夺眶而出，我转头给专家组叶建华老师伸了一个手指头，心有灵犀的叶老师也瞬间湿了眼眶。

那一刻，我真的泪流满面。

是的，很奇怪。我只是世界技能大赛的一个小翻译，既不是选手，也不是教练，甚至都不是杨浦职校的老师。因为比赛轮转抽签的规则，我，一名上海出版印刷高等专科学校的普通英语老师才在赛前 3 个月的时候进入了这个团队。

但是，在看到杨山巍夺金的那一刻，我是那么激动，我抑制不住泪水，抑制不住感动。

因为，我全程参与了杨山巍的集训和比赛，亲眼看到他为争毫米是如何刻苦地训练，亲身感受着这个钢铁团队中每一个人对这来

之不易的机会的珍视，所以才更能感受中国职业教育在迈向世界之巅时的艰辛与不易。

说实话，刚开始比赛的时候，很少有人去关注山巍，我从外国专家的眼中读到了他们对中国选手的好奇，他们完全不相信一个不到20岁的毛头小伙子可以与发达国家的技能人才相媲美。

虽然在团队中我只待了3个月时间，但我早已融入其中，从进入团队的那一刻起，我就是和山巍一起在拼搏、在战斗。翻译，是项目团队与外界沟通的桥梁与纽带，协助专家和选手，保证竞赛信息及时传达。换句话说，我是世界技能大赛中一个微妙的存在，我的工作决定着山巍在陌生的语言环境中是否能够得到公平的机会，确保他顺利地完成比赛。

所以，我必须非常熟悉项目的专业术语、比赛试题和操作流程。作为第一次进赛场的“菜鸟”翻译，3个月中，我几乎天天跟着选手一起在实训中心进行日常训练和实战训练，边跟专家、选手磨合，边在训练中熟悉比赛流程。

一分辛苦一分收获。这次我们项目的试题在比赛前4个小时才出来，只给了我们1个小时的时间翻译，接着就要交到选手手里，让他们熟悉试题，2个小时后开赛。这对我们翻译来说，无疑是一个巨大的考验。还好我是钢铁团队的“钢铁女战士”，是有备而来的。在车身修理项目11个配翻译的国家中，我是唯一一个按时完成试题翻译任务的，想想还是很值得骄傲的。

但随之而来的比赛无疑是更大的考验，在比赛中，那些对毫米、对分秒的争夺，不仅在选手，也在为选手保驾护航的各个团队成员身上体现。

按照比赛规则，选手结束了一个阶段的操作要在时间大表上写时间，然后坐在休息区等待专家评分，休息的时间最后要以补时的形式补给选手。每次我都会在山巍报完后再找首席确认一下时间，一次，山巍结束了一个模块的操作，在大表上写下了时间：

14:36，然后去找首席专家，请他记录停表时间。但当我确认时，却发现他给山巍误多记了两分钟，这就意味着山巍会少两分钟的补时。于是我跟首席专家据理力争，跟着他满场飞地解释，要求他把时间改过来。最后他把时间改过来了，却意味深长地说了一句话："明，你是我见过的最执着的翻译，下次你能温柔一点吗？"我顿时无语，但我清楚地知道，对选手来说，赛场上的每一分每一秒都是弥足珍贵的，就算牺牲了我的温柔，我也要为选手争分夺秒。

比赛中什么都有可能发生，尤其是在陌生的环境中。山巍的比赛也并非一帆风顺，但我们的团队都有一股子韧劲，哪怕只有一线希望，也会坚持到最后一刻，绝不服输。

有一次，我被首席专家叫到选手操作时间表前，他一脸严肃地要求我把山巍叫出来，说是有很重要的事情要请山巍配合调查。说实话，他说话的样子着实让我害怕，但是我稍稍冷静了一下，决定先问清是什么事情，再想办法解决。

首席专家说：加拿大选手明明有几个模块还没操作完，操作时间表上应该是空的，可是在她的表格上莫名其妙地写满了时间。几个外国专家经过排查后认为是中国选手把时间写在了加拿大选手的位置上，属于严重违规。

我没有因为慌张而打断山巍的操作，以我对山巍的了解，我相信他不会这样。所以我仔细观察了笔迹，最终发现加拿大选手时间表上的数字书写习惯明显属于西方选手，于是我理直气壮地告诉首席专家：这些数字不是山巍写的。后来终于真相大白，原来他们误将瑞士队的缩写"CH"认成了中国队的缩写"CN"。

山巍的金牌让我看到了中国职业教育在世界舞台上的崛起。我见证着山巍的周围从无人问津，到挤满了很多国家的专家拍照、拍

视频。

很多外国专家还来找专家组组长叶建华老师，说希望带他们的选手到中国来走训；还有的专家邀请叶老师带我们的选手到他们国家去指导训练。中国队在车身修理项目的赛场上一天天火起来了，外国专家对我们三个越来越热情，就连总喜欢板着脸的首席和副首席专家也对我们有了笑模样，在评分时更对山巍近乎完美的操作频频竖起大拇指。那一刻，我真的想大声为山巍喝彩。他们眼中折射出的五星红旗就是对我们最大的褒奖，我为我们的祖国感到骄傲和自豪！

在世界技能大赛上，不仅仅是中国选手和他国选手技术的较量，也是中国职业教育与世界顶级职业教育的比拼。当中国队以奖牌数第一的成绩位居世界技能大赛奖牌榜榜首，我想每一个中国人都会忍不住像我一样地激动、呐喊，因为这是中国技术在世界舞台上最美的亮相，也是对中国职业教育最权威的肯定！

世界技能大赛是一个让职业院校有一技之长的年轻人展示自己才能的舞台，像山巍这样的高技能人才依然可以飞得很高，飞得很远，他们是天空中一颗颗耀眼的明星。

有幸成为中国队的一员，看着选手披着五星红旗一次次地登上世界技能的最高领奖台，突然好想向全世界唱响这首歌：五星红旗，你是我的骄傲；五星红旗，我为你自豪；为你欢呼，我为你祝福，你的名字比我生命更重要！